中国宏观经济丛书
ZHONGGUO HONGGUAN JINGJI CONGSHU

U0606041

我国春运有关问题研究

WOGUO CHUNYUN YOUGUAN WENTI YANJIU

汪　鸣　谢雨蓉◎主编

人民出版社

前　言

　　"春运"在我国是一个家喻户晓的词汇,从运输组织角度,一般是指以春节为界,节前15天,节后25天,共40天(每年起止时间略有不同,持续时间也有差异),由国家发展改革委统一发布,铁路、交通运输、民航等部门按此进行专门运输安排的全国性交通运输高峰时段。春运蕴含了我国独特的民俗民风与亲情文化,涉及广泛的社会群体与多种需求,既是人流密集、规模庞大的运输状态,又是高度紧张、复杂艰巨的管理甚至是政治任务,牵动着全国亿万人心和众多管理部门的神经。

　　从20世纪90年代开始,春运已经形成我国一年一度的大范围大规模人口流动,尤其90年代中后期以来,随着农村剩余劳动力加速向城市转移和高等学校不断扩招,春运的规模与影响范围越来越大,运输组织与协调管理难度越来越高。当前,我国运输供给仍存在结构性短缺,春运服务又

图 1　忙碌的春运大军

有其特殊需求，使得供需矛盾十分突出，也倍受关注，这其中有短期问题，也有长期问题。随着时代的发展和社会的变迁，春运不断呈现出新的特征，准确判断和把握春运当前面临的问题与未来发展趋势，对于完善春运组织管理工作和从全局角度处理好春运与经济社会发展的关系，具有重大意义。

目　录

第一章　春运客流的历史分析…………………………………… 1

　　第一节　客流总量分析 ………………………………………… 1

　　第二节　分方式客流量分析 …………………………………… 4

　　第三节　客流构成分析 ………………………………………… 16

　　第四节　客流时空分布分析 …………………………………… 23

　　第五节　客流历史演变趋势 …………………………………… 37

第二章　春运的组织管理状况 …………………………………… 39

　　第一节　春运组织管理系统架构 ……………………………… 39

　　第二节　春运运输组织管理 …………………………………… 41

　　第三节　相关保障组织管理 …………………………………… 48

　　第四节　春运组织管理工作评价 ……………………………… 51

第三章　未来春运客流演变趋势分析 …………………………… 56

　　第一节　春运客流演变的影响因素分析 ……………………… 56

　　第二节　春运主要旅客群体的演变趋势 ……………………… 70

　　第三节　春运客流的发展变化趋势 …………………………… 77

第四章　春运组织管理的工作思路 ……………………………… 82

　　第一节　基本原则 ……………………………………………… 83

　　第二节　总体思路 ……………………………………………… 86

第五章　完善春运工作的政策建议·······················95

　第一节　未来春运组织管理的政策方向　···············95

　第二节　近期优化春运组织管理的措施建议　···········100

第一章　春运客流的历史分析

第一节　客流总量分析

一、绝对数变化情况

近 20 多年来，我国春运客流总量[①]呈现出持续增长态势，由 1991 年的 8.57 亿人次增加至 2013 年的 34.21 亿人次，日均客流量由 2142.5 万人次增长至 8551.5 万人次，增长了近 3 倍。客流总量在经历了 2008 年受国际金融危机影响的小幅下降之后，迅速回升，2010 年以来，增速明显加快，规模迅速扩大。

表 1.1　1991~2013 年间春运客流总量和日均客流量

年份	天	客流总量（亿人）				日均客流量（万人）				
		总量	铁路	公路	水运	民航	总量	铁路	公路	水运	民航
1991	40	8.57	1.14	7.12	0.29	0.02	2142.5	285.0	1780.0	73.5	4.0
1992	40	8.86	1.14	7.40	0.30	0.02	2214.9	285.0	1850.0	75.0	4.9

[①] 本报告中春运客流量是指1991~2013年政府部门统一发布的春节期间客运量统计数据，其中1995~1998年为春节前后共计50天的客运量，其他年份为40天的客运量。

续表

年份	天	客流总量（亿人）					日均客流量（万人）				
		总量	铁路	公路	水运	民航	总量	铁路	公路	水运	民航
1993	40	9.96	1.94	7.70	0.30	0.02	2490.9	485.0	1925.0	75.0	5.9
1994	40	10.32	1.85	8.13	0.31	0.03	2580.7	462.5	2032.5	77.5	8.2
1995	50	15.92	1.68	13.80	0.39	0.05	3184.4	336.0	2760.0	78.4	10.0
1996	50	16.31	1.35	14.50	0.40	0.06	3262.7	270.0	2900.0	80.3	12.4
1997	50	17.48	1.42	15.60	0.38	0.07	3495.3	284.0	3120.0	76.8	14.5
1998	50	18.23	1.38	16.38	0.39	0.08	3645.2	276.0	3276.0	78.2	15.0
1999	40	15.57	1.23	13.97	0.31	0.07	3893.1	307.5	3492.5	76.4	16.6
2000	40	16.16	1.28	14.52	0.29	0.07	4041.2	320.0	3630.0	73.6	17.7
2001	40	16.85	1.26	15.25	0.26	0.07	4211.4	315.0	3812.5	66.0	17.9
2002	40	17.53	1.28	15.92	0.24	0.08	4381.9	320.0	3980.0	61.0	20.9
2003	40	18.37	1.35	16.67	0.26	0.10	4593.7	337.5	4167.5	64.7	24.0
2004	40	19.08	1.40	17.30	0.27	0.11	4770.8	350.0	4325.0	67.8	28.0
2005	40	19.81	1.39	18.01	0.28	0.14	4953.3	347.5	4502.5	69.0	34.3
2006	40	20.72	1.49	18.77	0.28	0.18	5178.8	372.5	4692.5	69.6	44.1
2007	40	22.55	1.56	20.50	0.29	0.20	5636.3	390.0	5125.0	71.3	50.0
2008	40	22.41	1.74	20.17	0.29	0.22	5603.5	435.0	5042.5	72.0	54.0
2009	40	23.59	1.92	21.10	0.31	0.26	5896.6	480.0	5275.0	77.2	64.4
2010	40	25.57	2.04	22.90	0.34	0.29	6391.5	510.0	5725.0	83.9	72.6
2011	40	28.94	2.21	25.98	0.42	0.33	7234.4	552.5	6495.0	105.4	81.5
2012	40	31.44	2.21	28.47	0.42	0.34	7860.5	552.5	7117.5	106.1	84.4
2013	40	34.21	2.40	31.00	0.43	0.38	8551.5	600.0	7750.0	106.3	95.3

数据来源：国家发展和改革委员会。

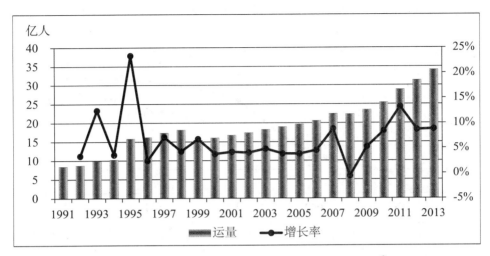

图 1.1　1991~2013 年间春运客流总量变化趋势图[1]

数据来源：国家发展和改革委员会。

二、增长率变化情况

2008~2012 年，历年春运高峰月[2]与平日日均客流量增长率分别为
12.1% 和 12.3%，基本保持同步增长，但不同年份春运客流的波动性明显大
于全年客流，这主要是由于春节假期分布不同造成的，若假期集中于一个
月，则该月客流密度明显增加，若分布于不同月份，则节前节后的高密度
客流分布在两个月，单月日均客流量激增的现象就会相对缓和。但总体来
说，春运期间客流增长是较为明显的，近 5 年来，春运高峰月与平日客流
的最大年份差值达到 1264 万人次 / 日，相差 14.19%。

---

① 由于不同年份春运天数存在差异，总量增长率不具可比性，本报告中在分析春运客流量
　增长情况时，统一使用日客流量增长率数据。

② 春运高峰月是指每年春节前后日均客流量最大的月份，通常为 1 月或 2 月。由于春运与全
　年客运量非同一统计口径，不具可比性，因此本报告中凡涉及春运与全年客流的比较，
　均采用春运高峰月统计数据。

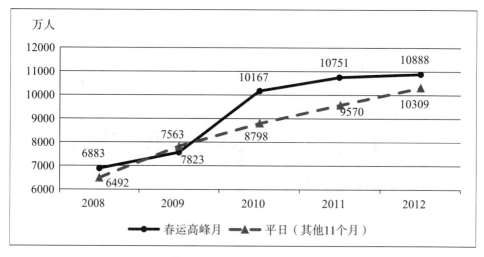

图 1.2　2008~2012 年间春运高峰月与全年日均客流量比较

数据来源：根据铁道部、交通运输部、民航局网站统计数据计算、《中国统计年鉴》。

第二节　分方式客流量分析

　　不同交通运输方式具有不同的技术经济特性和服务供给能力，因此在春运中发挥的作用也不尽相同。铁路、公路、水运和民航是四种主要的旅客运输方式，在春运中承担了绝大部分旅客运输任务，除此之外，近年来，摩托车、私人小汽车等个性化交通方式也开始发挥自身优势，分担了一部分春运客流，进一步丰富了运输结构。

一、铁路客流量分析

　　20 世纪 90 年代以来，我国铁路春运客流量总体呈现小幅增长态势，1991~2013 年均增长率仅为 3.4%，低于同期客流总量增长率 3.1 个百分点。

虽然总体增幅不大，但 20 多年间却呈现出剧烈波动，每一次波动都有其特定的历史背景，大体可分为三个阶段。1993 年以后，客流量大体呈现出先降后升态势，由 1993 年的 1.94 亿人次持续降低至最低时 1999 年的 1.23 亿人次，而后又持续升高至 2013 年的 2.4 亿人次。

（一）第一阶段——1991~1996 年，客流急升急降

20 世纪 90 年代初，铁路春运客流总量规模仍然较小，刚刚超过 1 亿人次。1993 年出现客流激增，此后两年也维持高位运行，这主要是由于 1992 年小平同志"南巡讲话"之后，我国东南沿海地区率先加快了改革开放的步伐，大批内陆农村富余劳动力涌向这些地区，成为参与城市建设的农民工。农民工在春节期间有相当一部分选择返乡过节，节后再重回城市，由于家乡与打工的城市距离较远，他们大多首选铁路这一适合中长运距且价格相对便宜的运输方式，带动了铁路春运客流的大幅增长。而就在 1993 年，铁路部门为了平抑客流，首先在广东省实行了铁路春运浮动加价，由于当年客运需求增长过大，且这一措施只限定在部分地区，客流并没有被抑制，而是增长了 70.2%。1995 年，国家将浮动票价的措施扩展到上海、北京等 7 个铁路局，基本覆盖了铁路客流集中的主要地区，对旅客出行选择造成了较大影响，当年铁路春运日均客流量下降了 27.4%，但仍达到 336 万人次。1996 年，铁路价格上浮继续影响着春运客流，而且由于铁路运力长期紧张，其他运输方式逐步分担了一部分客流，使得当年日均客流量降低至 270 万人次，再次下降 19.6%，达到近 20 年来的最低值。

（二）第二阶段——1997~2006 年，客流稳中有升

1997 年，亚洲爆发金融危机，中国经济也受到了一定程度的影响，一些外出打工的农民工提前返乡，造成 1998 年春运期间的铁路运量小幅回落，降低了 2.8 个百分点。2002 年，铁路部门首次通过听证确定了春运票价上浮制度，再加上供给不足的被动抑制，此后几年间，铁路春运客流基本维持 3% 左右的小幅增长。

（三）第三阶段——2007 年至今，客流较快增长

2007 年，铁路部门发布了票价不再上浮的政策，而且铁路经过多年的建设和历经多次提速，运能逐渐增加，特别是 2008 年国际金融危机以来，我国为拉动内需而加大了对基础设施的投资，铁路获得了前所未有的发展机遇，运输能力大幅提升，春运客流量才重新回到快速上升通道，在春运期间发挥的作用也越来越大。2007~2013 年，铁路春运客流量增长了 8400 万人次，日均客流量突破 600 万人，增长超过 50%。

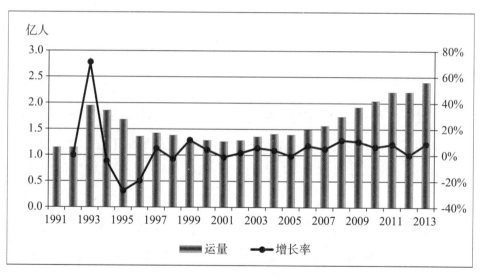

图 1.3　1991~2013 年间铁路春运客流量变化趋势图

数据来源：国家发展和改革委员会。

二、公路客流量分析

20 世纪 90 年代以来，我国公路春运客流量呈现出持续快速增长态势，由 1991 年的 7.12 亿人次升高至 2013 年的 31 亿人次，年均增长率为 6.9%。其中，1995 年公路春运客流出现了大幅上升，与上一年相比，增长率超过 30%，这是多重因素叠加的结果。一方面，公路自身市场需求扩张较快，特别是高速公路从无到有，里程快速增加，1995 年已突破 2000 公里，带动了公路长途客运的迅猛发展；另一方面，1992 年以后，春节期间的旅客运输总体需求呈现爆发式增长，其中大部分由铁路承担，此后的几年间，由于铁路春运票价上浮，客流逐渐转向他运输方式，而公路是接受转移客流最多的运输方式。因此，公路春运客流增长变化相对铁路滞后了 1~2 年，直到 1995 年才出现了流量激增，这与铁路 1995 年以后春运客流量较大幅度下降的变化情况也基本吻合。2008 年，公路春运客流出现了唯一一次负增长，这主要是由于当年公路运量、周转量统计口径均发生了变化，并非客流的实际下降。

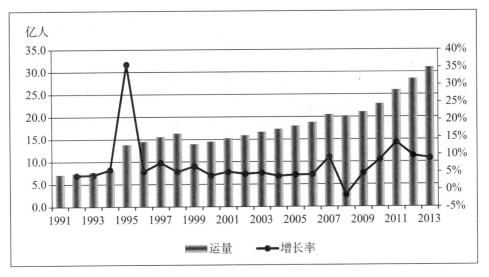

图 1.4　1991~2013 年间公路春运客流量变化趋势图

数据来源：国家发展和改革委员会。

三、水运客流量分析

从春运客流量数据来看[①]，20世纪90年代以来，水运客流在不同年份之间出现了大幅波动，这主要是由其技术经济特点决定的。水路运输高度依赖自然环境与气候条件，特别是春节处于冬季最寒冷时期，一般不太适合开展水路运输，部分有水运条件的地区在此期间的天气状况在很大程度上决定了当年水路春运客流量的大小。因此，受气候等偶然因素影响较大，水运不似其他运输方式呈现出相对规律的线性变化趋势，但总量还是有所上升，年均增长率为1.7%。

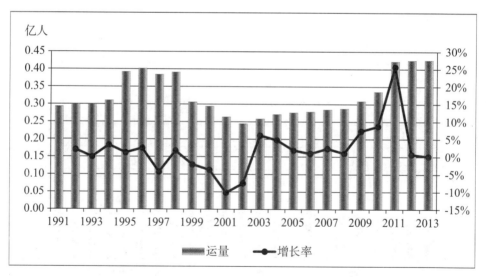

图 1.5　1991~2013 年间水运春运客流量变化趋势图

数据来源：国家发展和改革委员会。

[①] 根据全年统计数据，2009年以后春运高峰月水路客运量总体呈现下降趋势，与春运客流量统计数据所反映的趋势存在较大分歧，本部分仅针对春运客流量统计数据进行分析。

四、民航客流量分析

民航春运客流量从 20 世纪 90 年代以来，基本呈现出一路快速上涨趋势，由 1991 年的 158 万人次升高至 2013 年的 3810 万人次，增长了 23 倍，年均增长率达 15.6%，是所有运输方式中增长最快的。民航春运客流在 20 世纪 90 年代中期出现了一波快速增长，这与同时期我国经济发展速度较快密切相关。1998 年，民航春运客流增长率突然大幅下降，由之前的 20% 左右骤降至 3.4%，这主要是受到了 1997 年亚洲金融危机的影响。对比其他运输方式，在此期间春运客流量也出现了不同程度的增长率下降，但除铁路以外，降幅均小于民航。如前文分析，铁路春运客流下降主要是因为农民工这一主要旅客群体出现时间发生了集体变化，而民航这一主要承担公务、商务、旅游等客流的相对高端运输方式则是受到了金融危机的直接冲击。从全年数据来看，1997 年民航客运量也只增长了 1.4%，较上年下降了

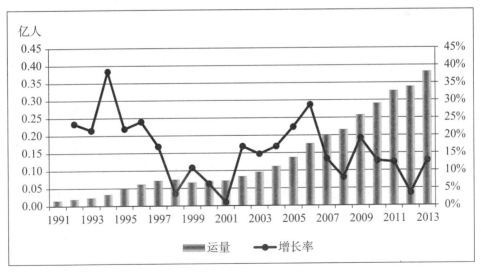

图 1.6　1991~2013 年间民航春运客流量变化趋势图

数据来源：国家发展和改革委员会。

7.2 个百分点，降幅十分明显。这一幕几乎同样发生在 2008 年的全球金融危机期间，当年民航春运客流量只增长了 8.0%，较上年下降 5.3 个百分点。

五、其他方式客流量分析

除了铁路、公路、水运、民航四种传统的公共旅客运输方式以外，近年来，随着人们出行需求的多元化，一些新的运输方式也加入到春运的行列之中，其中较为重要的是私家车和摩托车。

（一）私家车客流

自 1982 年我国开放道路运输市场以来，私人载客汽车保有量呈快速增长态势，年增长率接近 30%，至 2011 年已达到 6237.5 万辆。随着人们生活水平的提高，汽车开始走入家庭，特别是加入 WTO 以后，我国私人小型载客汽车的保有量由不足 400 万辆增加至 2011 年的 5823.6 万辆，10 年增加了 15 倍，每年增长超过 1/3。随着私家车的普及和我国公路尤其是高

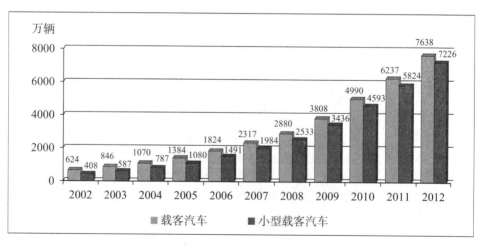

图 1.7 2002~2012 年间我国私人载客汽车拥有量

数据来源:《中国统计年鉴 2012》。

速公路网络的完善，小汽车的灵活机动性使其在春运中发挥越来越重要的作用，虽然其承担的客运量没有计入春运客流量统计之中，但从春运期间日益加剧的公路拥堵状况，也可判断这部分客流量正在急速上升。

（二）摩托车客流量

春运期间，在铁路运力极度紧张、公路票价居高不下的背景下，许多人选择骑行摩托车完成春运。在这方面虽没有全国统一发布的数据，但从各地零散披露的数据来看，这支"摩托大军"的数量正在快速增加。由于"摩托大军"的主力为农民工及其家属，且春节期间骑摩托车长途旅行又受到天气条件的限制，因此，每年春节骑摩托车出行的人群大多集中在我国东南沿海这些气温相对较高、农民工务工相对集中的地区，主要包括珠江三角洲、长江三角洲和海峡西岸地区等。据有关部门统计，2011年，珠三角骑摩托车回家过年的农民工就达到30万人，加上其他地区，考虑往返客流，总运量至少已突破100万人次。虽然相比于30多亿人次的春运客流总量，这只是很小的一部分，但由于其地域集中，群体特殊，而受到全社会的广泛关注，相关地区在春运"摩托大军"的管理与服务中也需要动用巨大的社会资源，投入大量的人力物力。

六、运输结构综合分析

（一）不同运输方式之间的比较

从20世纪90年代以来，我国春运旅客运输结构发生了巨大变化，1991年铁路、公路所占比例分别为13.3%和83.1%，水运占3.43%，民航仅占到0.18%。此后，铁路占比大幅增加，1993年达到最高点的19.5%，这与当年铁路春运客流激增的变化趋势基本一致。但是，1995年以后，由于铁路运力紧张，无法满足需求，客流所占比例开始明显下降，至 2013 年已降至 7.0%，失去了超过 1/2 的市场份额。同期，公路客流比例快速上升，从 1993 年的 77.3% 上升至 2013 年的 90.6%，不仅获得了铁路所有的转出份额，而且在新增客流中承担了绝大多数客运量。出现这种情况，主要与我国高速公路逐渐成网和城市之间高速公路客运快速发展密切相关。20 多年来，水路春运客流所占比例一直呈现萎缩状态，由 1993 年的 3.43% 降至 2013 年的 1.24%。与之形成鲜明对比的是，同期民航市场份额大幅上升，由 0.18% 飙升至 1.11%，扩张了 6 倍多。

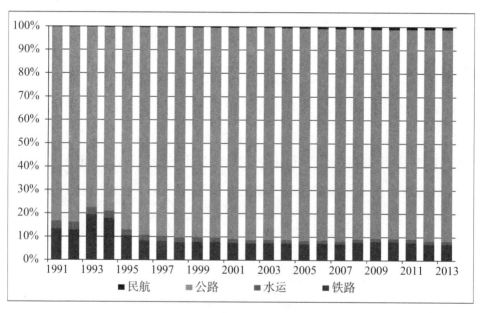

图 1.8 1991~2013 年间春运运输结构变化趋势图

数据来源：根据国家发展和改革委员会数据计算。

（二）春运与全年运输结构比较

春运与同一时期全年客运量相比，二者的变化趋势基本一致，但在同一年份，各种运输方式在春运期间与全年承担的客流份额却存在较大差异，且呈现出明显的规律性。春运期间铁路的市场份额要远高于平时，如 2013 年全年铁路客流比例为 5.0%，比春运期间 7.0% 的比例低了 2 个百分点。20 世纪 90 年代，民航客流在春运期间所占比例明显低于全年，但进入新世纪，特别是近 7~8 年来，民航在春运中的市场份额增长速度大大超过了平时，2013 年，民航春运客流所占比例已高出全年 0.27 个百分点，超出了近 1/3。公路春运期间与全年的客流所占比例相差不大，但总体上春运期间占比要小于平时。水运在绝大多数年份的春运期间客流比例均高于全年。

上述变化规律反映出如下几个问题：

第一，过去春运客流中中低收入者所占比例高于平时，对于票价相对低廉的铁路高度依赖，但随着经济的发展和居民生活水平的整体提高，全社会对民航等相对优质高价运输方式的负担能力越来越强，而且春运客流结构也发生了变化，由于生活条件改善而增加出行频次的旅客在春运中占比提高，而中低收入者占比较以往有所下降，因此旅客总量与结构两方面的变化共同促使春运运输结构向高端化方向逐步演化。

第二，春运期间旅客的出行距离一般要长于平时，因此更愿意选择铁路、民航这些适合中长和长距离运输的交通方式。这一点从统计数据中能够得到印证。对比春运高峰月与平日的旅客运输平均运距，大约增加了 5% 左右，尤其是铁路，平均运距约增加 15% 左右，当然这与铁路"弃短保长"的春运运行组织方式有关，但公路在此期间的平均运距也增加了 2%～5%，说明春运旅客出行距离确实比平时更远。

第三，就本身技术经济特点而言，水运在冬季旅客运输中明显缺乏比较优势，但春运期间其市场份额却高于平时，显示这一时期的运力高度紧张，许多旅客在难以获取其他运输方式服务的情况下，只能转向水运，说明各种运输方式在供给不足的情况下无法形成合理分工。

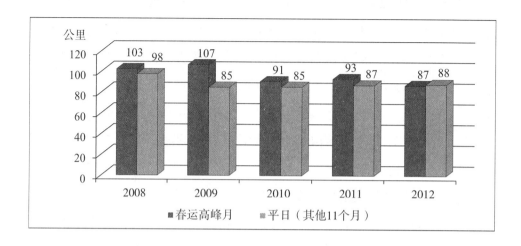

图 1.9 春运与平时旅客运输平均运距对比情况

数据来源：根据铁道部、交通运输部、民航局网站和《中国统计年鉴》数据计算。

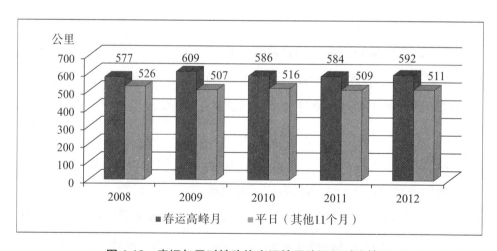

图 1.10 春运与平时铁路旅客运输平均运距对比情况

数据来源：根据铁道部、交通运输部、民航局网站和《中国统计年鉴》数据计算。

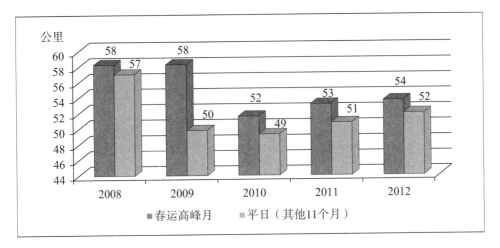

图 1.11　春运与平时公路旅客运输平均运距对比情况

数据来源：根据铁道部、交通运输部、民航局网站和《中国统计年鉴》数据计算。

表 1.2　1991~2013 年间春运与全年运输结构对比（%）

年份	天	春运				全年			
		总量	铁路	公路	水运	民航	总量	铁路	公路	水运	民航
1991	40	100.0	13.3	83.1	3.43	0.18	100.0	12.4	83.9	3.52	0.21
1992	40	100.0	12.9	83.5	3.39	0.22	100.0	11.8	84.7	3.24	0.27
1993	40	100.0	19.5	77.3	3.01	0.24	100.0	11.6	85.0	3.08	0.34
1994	40	100.0	17.9	78.8	3.00	0.32	100.0	10.6	86.4	2.72	0.34
1995	50	100.0	10.6	86.7	2.46	0.31	100.0	9.9	87.3	2.39	0.37
1996	50	100.0	8.3	88.9	2.46	0.38	100.0	8.8	88.8	2.04	0.44
1997	50	100.0	8.1	89.3	2.20	0.41	100.0	7.6	90.1	1.84	0.45
1998	50	100.0	7.6	89.9	2.14	0.41	100.0	7.0	90.8	1.70	0.42
1999	40	100.0	7.9	89.7	1.96	0.43	100.0	6.9	91.2	1.49	0.42
2000	40	100.0	7.9	89.8	1.82	0.44	100.0	7.2	91.0	1.37	0.44
2001	40	100.0	7.5	90.5	1.57	0.42	100.0	7.1	91.1	1.31	0.45
2002	40	100.0	7.3	90.8	1.39	0.48	100.0	6.9	91.4	1.22	0.49

续表

年份	天	春运					全年				
		总量	铁路	公路	水运	民航	总量	铁路	公路	水运	民航
2003	40	100.0	7.3	90.7	1.41	0.52	100.0	6.6	91.7	1.16	0.53
2004	40	100.0	7.3	90.7	1.42	0.59	100.0	6.1	92.2	1.08	0.55
2005	40	100.0	7.0	90.9	1.39	0.69	100.0	6.3	91.9	1.08	0.69
2006	40	100.0	7.2	90.6	1.34	0.85	100.0	6.3	91.9	1.10	0.75
2007	40	100.0	6.9	90.9	1.26	0.89	100.0	6.2	91.9	1.09	0.79
2008	40	100.0	7.8	90.0	1.28	0.96	100.0	6.1	92.1	1.03	0.83
2009	40	100.0	8.1	89.5	1.31	1.09	100.0	5.1	93.5	0.71	0.67
2010	40	100.0	8.0	89.6	1.31	1.14	100.0	5.1	93.4	0.75	0.77
2011	40	100.0	7.6	89.8	1.46	1.13	100.0	5.1	93.4	0.68	0.82
2012	40	100.0	7.0	90.5	1.35	1.07	100.0	5.3	93.2	0.70	0.83
2013	40	100.0	7.0	90.6	1.24	1.11	100.0	5.0	93.5	0.68	0.84

第三节　客流构成分析

农民工、高等院校在校学生和国内旅游人员是我国春运客流的三大主要群体[①]，这三大群体的数量变化与春运客流总量或特定运输方式的客流量存在较为密切的关系。

---

① 将农民工、学生和旅游客流作为主要研究对象并不是因为其在春运中均占有较高比例，而是综合考虑了客流数量、受关注程度以及相关数据的可得性。

一、务工客流量分析

（一）农民工总量变化情况

改革开放特别是 21 世纪 90 年代以来，随着工业化、城镇化的加速推进，我国农民工的数量持续快速攀升，2012 年全国农民工总量已达到 26261 万人。在此期间，农民工的数量增长呈现出一定的周期性，并出现了两个高速增长期。第一个高速增长期为 1992 年~1996 年，人数由 9137 万人增加至 14266 万人，年均增长 9.3%，此后受亚洲金融危机影响，人数缓慢回落；第二个高速增长期为 2002 年~2007 年，人数由 12090 万人增加至 16196 万人，年均增长 6.0%，此后再次受国际金融危机影响，增速明显放缓。

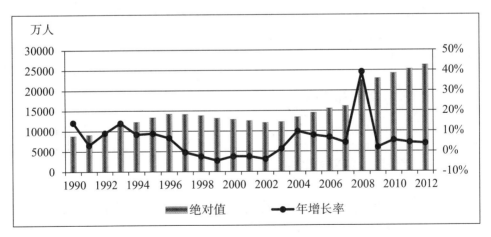

图 1.12　1990~2012 年间全国农民工人数及其增长率变化趋势图

数据来源：《城乡收入差距、农民工数量与农民收入：基于实证数据的分析与思考》，国家统计局 2008~2011 年《我国农民工调查监测报告》。
注：2008 年前后统计口径不一致。

（二）农民工人数对春运客流的影响

近 20 多年来，农民工的数量与春运客流总量基本保持了同一趋势的快速增长，特别是最近几年铁路运量增长波动规律基本与农民工数量变化保持一致[1]，说明农民工是铁路春运中的一支"主力军"。

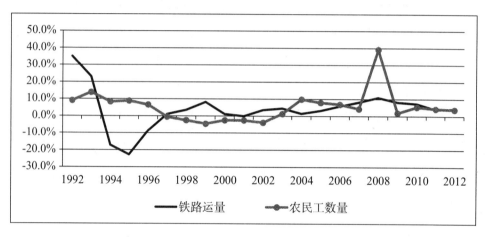

图 1.13　1991~2012 年间铁路春运客流量与农民工数量增长率对比[2]

数据来源：《城乡收入差距、农民工数量与农民收入：基于实证数据的分析与思考》，国家统计局 2008~2011 年《我国农民工调查监测报告》。

二、学生客流量分析

（一）高校学生总量变化情况

1990~2012 年间，我国普通高等学校在校学生（包括全日制本、专科生

---

[1] 由于农民工一般是春节后进城、节前返乡，而农民工数量是这一进一出中间时间段的统计值，因此农民工数量对铁路春运客流量的影响一般要考虑前后两年的情况，即当年春运铁路运量增长较快，可能当年农民工数量就较多，同时次年春运铁路客运量也会增长较快，反之亦然。

[2] 铁路运量增长率取当年和次年两年平均值的增长率，以便于与农民工增长率进行对比。

和研究生）数量总体上呈现持续增长态势。其中，20世纪90年代，在校学生数量基本保持稳定增长，只是在1992年和1993年我国较大幅度增加了高考招生人数，同期研究生招生人数也有所增加，使得在校学生总数出现了恢复高考后的第一次大幅增长。从1999年起，我国开始了大规模的高校扩招，当年普通高等院校招生数达到159.7万人，比上年增长了47.3%，此后连续多年扩大招生规模，2012年招生总数已达688.8万人。高校招生规模的扩大带动在校生数量的急剧增长，2012年，全国普通高等学校在校学生总数已达到2563.3万人，是1990年的12倍。近年来，高校扩招速度明显放缓，年增长率已降至1.1%。伴随招生规模的稳定，在校生数量扩张也趋于缓和，2007年以来年增长率已降至10%以下，近两年更是降到了3.6%左右。

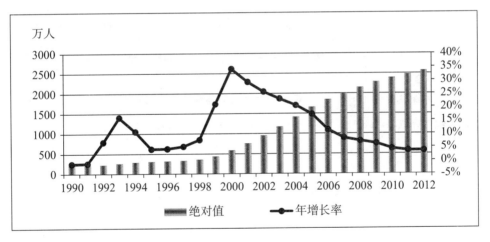

图1.14　1990~2012年间普通高等学校在校生人数及其增长率变化趋势图

数据来源：《中国统计年鉴2012》、《2012年国民经济和社会发展统计公报》。

（二）高等学校学生数量对春运客流的影响

从1992年起，普通高等学校在校学生人数保持了20年的递增，与春运客流总量的持续增长态势基本一致。但春运在此期间客流曾几经波动，高校在校生数量却一直处于增长通道，且两次在校生数量规模的大幅增加也并未引起同期春运客流量的同步变化①。但是这并不能说明高校在校生数量与春运客流量不存在相关关系，只是总数不到 3000 万的学生在 30 多亿人次的春运中只占到了客流总量的一小部分，不是引起春运客流变动的主要影响因素。

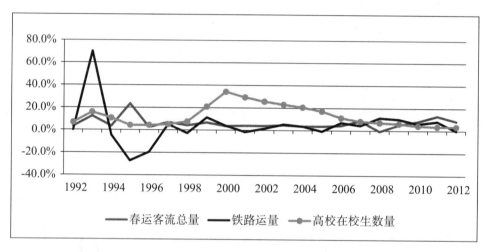

图 1.15 1991~2012 年间春运客流量与在校学生数量增长率对比

数据来源:《中国统计年鉴 2012》、《2012 年国民经济和社会发展统计公报》。

三、旅游客流量分析

（一）国内游客总量变化情况

随着居民生活水平的提高和消费结构的改变，我国旅游事业蓬勃发展。1994~2012 年间，国内游客人数由 5.24 亿人次增加至 29.6 亿人次，增长了

① 高等学校在校学生人数对春运客流量的影响一般也会滞后一年，即当年在校生数量增加，则次年春运客流量增加，反之亦然。

4.6 倍，年均增长 9.5%，日均游客量达到 811 万人次。特别是 1999 年国务院修订发布了《全国年节及纪念日放假办法》，我国开始实行"黄金周"休假制度，在此后 2002~2012 的 10 年时间里，国内游客每年的增长速度基本都保持在 10% 以上，年均增长 12.8%，旅游市场呈现出空前繁荣的景象。

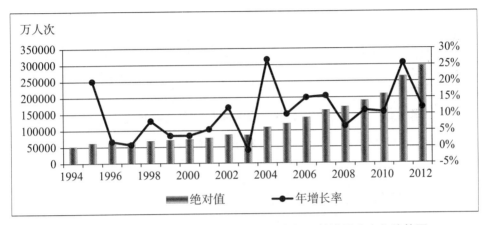

图 1.16　1994~2012 年间我国国内游客人数及其增长率变化趋势图

数据来源:《中国统计年鉴 2012》、《2012 年国民经济和社会发展统计公报》。

（二）国内游客数量对春运客流的影响

20 世纪 90 年代以来，国内旅游人次的快速增长与春运客流总量的上升趋势也基本一致，尤其是与民航旅客运输具有十分相似的增长变动规律，说明国内旅游人数对春运客流总量产生着十分重要的影响，而春节以旅游为目的的出行，选择民航的比例也更高。进入新世纪以来，国内游客数量与春运铁路客流量的相关程度也越来越高，这主要是因为人们的生活水平普遍提高，实行春节"黄金周"以后，也使更多的人有机会出游，旅游逐渐成为一种大众化的消费行为，同时，铁路特别是高速铁路的发展使运输供给能力进一步增强，使得春节期间越来越多居民选择火车作为国内旅游的交通工具。

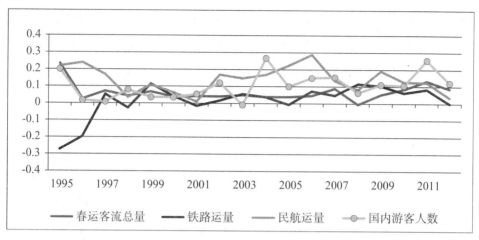

图 1.17　1991~2012 年间春运客流量与国内游客数量增长率对比

数据来源:《中国统计年鉴 2012》、《2012 年国民经济和社会发展统计公报》。

四、客流结构综合分析

近 20 年来,我国春运客流的快速增长混合了多重因素,而农民工、普通高等学校在校学生和国内旅游人数的迅猛增长是推动春运客流总量上涨的重要因素,这三大旅客群体也是浩浩汤汤"春运大军"中最具识别特征的三大人群。

(一)务工客流

农民工旅客群体出行时间、地域都较为集中,对春运客流量影响十分显著,尤其是对铁路客流显示出巨大影响。

(二)高校学生客流

相对于其他旅客群体,我国普通高等学校的在校生总人数并不多,学生旅客群体的人数也相应较少,但出行集中,对春运客流量也具有重要影响。

（三）国内旅游客流

旅游群体其实是春运中可以识别的最庞大旅客群体，但由于其出行时间相对分散，且空间分布与其他客流也明显不同，因此对春运高峰时期、热点地区的影响不大，各方对其敏感度较低。但旅游群体由于数量庞大，增长迅猛，对春运客流总量的影响非常大，其中对民航客流的影响最大，其次是对铁路，尤其近年来，对铁路客流量的影响越来越明显。

第四节　客流时空分布分析

在春运四十天之内，大多数时间段客流都较为密集，但也峰谷交错，高峰与低谷之间差值巨大。而客流高峰是春运客流的一个重要特征，也是春运管理的重中之重。以有限的日均客流量和单日客流量数据为基础，分析全国春运高峰情况，特别是铁路春运峰值的变化，然后以部分地区为例，分析春运客流在时间上的分布状况。

一、全国客流时空分布分析

（一）全国客流时间分布

尽管近年来我国春运客流量连创新高，但其增长速度与全年客流总量增速基本持平，二者日均客流量的差值也并非社会各界普遍认为的那样悬殊。2008~2012 年，春运高峰月的日均客流量为 9245 万人次，而其他月份的日均客流量为 8638 万人次，仅相差 7.03%，同期能力最为紧张的铁路，春运高峰月的日均客流量为 526 万人次，也仅比平时增加了 15.6%，而民航的平日客流量已连续多年超过了春运时期的日均客流量。2012 年春运高峰月的日均总客流量和铁路客流量分别为 10888 万人次和 538 万人次，只比平时增加了 5.6% 和 4.5%，二者已经十分接近。

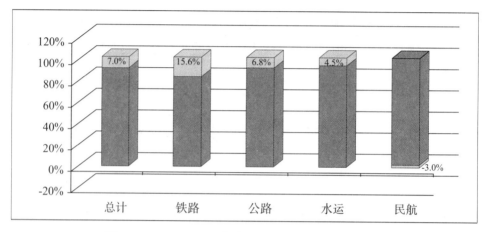

图 1.18　2008~2012 年春运与平时日均客流量对比

数据来源：根据铁道部、交通运输部、民航局网站和《中国统计年鉴》统计数据计算。

不仅如此，从全年来看，春运也不是唯一的客流高峰时段，甚至不是最高峰时段。铁路的暑运与春运客流已基本持平，个别年份甚至超过春运；公路春运客流高峰依然明显，但与平日客流的差别已开始变小；水运与民航已连续 5 年以上主要客流峰值出现在暑运与"十一"黄金周期前后，而非春运。

从单日客流来看，近年来全年旅客运输峰值大多也并非出现在春运期间，如铁路近三年的单日客流高峰分别为 829 万、893 万和 914 万人次，均出现在"十一"黄金周期间，不仅远高于春运日均客流量，而且比春运的历史单日客流最高峰 743 万人次也高出了 20% 左右。但是春运期间客流在峰谷之间的波动也非常大，主要集中在除夕之前、正月初六和十五之后以

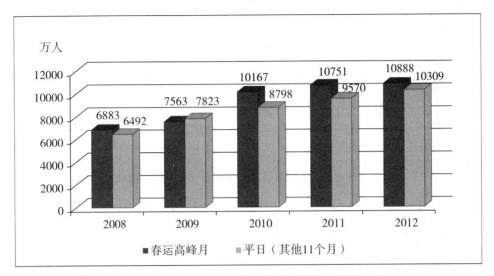

图 1.19 2008~2012 年春运与平时日均客流量对比

数据来源：根据铁道部、交通运输部、民航局网站和《中国统计年鉴》数据计算。

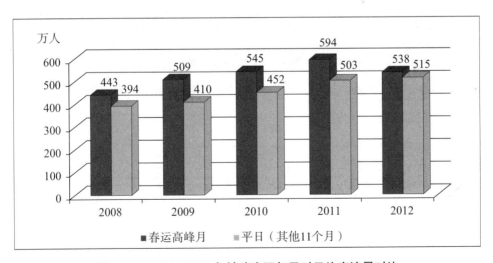

图 1.20 2008~2012 年铁路春运与平时日均客流量对比

数据来源：根据铁道部、交通运输部、民航局网站和《中国统计年鉴》数据计算。

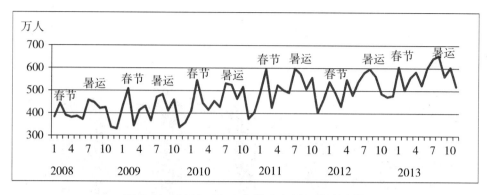

图 1.21　2008~2013 年铁路各月日均客流量

数据来源：根据铁道部、交通运输部、民航局网站和《中国统计年鉴》数据计算。

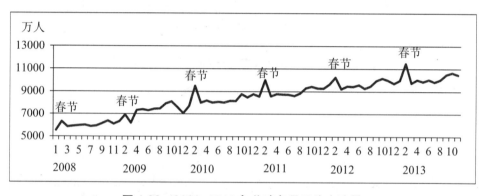

图 1.22　2008~2013 年公路各月日均客流量

数据来源：根据铁道部、交通运输部、民航局网站和《中国统计年鉴》数据计算。

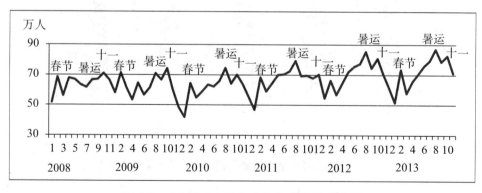

图 1.23　2008~2013 年水路各月日均客流量

数据来源：根据铁道部、交通运输部、民航局网站和《中国统计年鉴》数据计算。

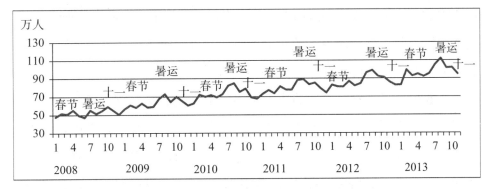

图 1.24 2008~2013 年民航各月日均客流量

数据来源：根据铁道部、交通运输部、民航局网站和《中国统计年鉴》数据计算。

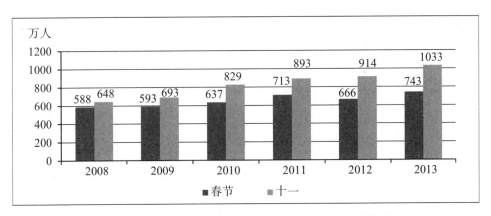

图 1.25 2008~2013 年春节与十一铁路单日客流峰值对比

数据来源：根据铁道部、交通运输部、民航局网站和《中国统计年鉴》数据计算。

及高校放假之后和开学之前几天的时间里，而除夕、初一、初二等时间的客流量却很小，如 2013 年铁路春运高峰月日均发送旅客 605.1 万人次，而正月十六当天发送旅客却达到 742.6 万人次，超出日均客流 22.7%。

（二）全国客流空间分布

如上文分析，对于包括铁路在内的大多数运输方式而言，春运并非全年客流量最集中的时间段，但无论是政府管理部门、运输企业还是身处春运之中的每一位旅客，都深切地感受到春运是一年中运力最为紧张的时段，究其原因，除了春运本身客流量确实不小之外，更主要是因为客流在空间分布上极不平衡，具有明显的地域性和方向性。

从地域分布来看，春运的压力主要集中在经济发达地区与经济欠发达地区之间、不同城市与旅游景点之间的线路上，如铁路客流主要集中在京广线、京九线、京沪线、京哈线、陇海线、兰新线、沪杭线、浙赣线、焦柳线、襄渝线、宝成线、湘黔线、黔桂线、川黔线、同蒲线等长大干线上，这些线路占全国铁路总里程的比重不到20%，却承担了春运期间60%以上的客流。2013年春运期间，铁路共发送旅客2.4亿人次，而同期北京铁路局、上海铁路局和广铁集团三家分别发送旅客4657万人次、4113万人次和3360万人次，合计占总发送量的50%。

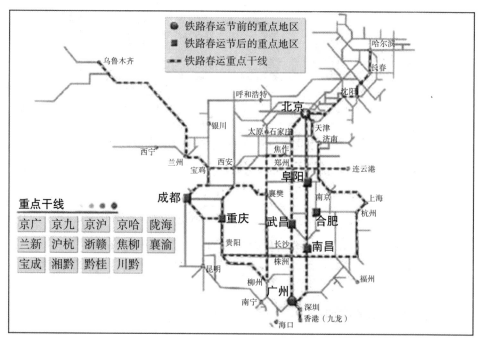

图1.26 铁路春运重点地区与重点线路

从客流方向来看，春节前与春节后旅客的主要输送方向正好相反，节前旅客输出重点地区通常为东部沿海的京津、长三角、海峡西岸、珠三角等地区，节后旅客输出重点地区通常为内陆和西部的成都、重庆、武汉、长沙、南昌、合肥、阜阳等地区。单向客流严重降低了春运的运输效率，如铁路近年来在春运期间加开的临时客车，据统计近一半回程几乎空驶，另一半回程上座率也不高，总体上座率只有 60% 左右。由于平时铁路运力也无明显富余，按照近 5 年铁路春运运量比平时上升 10%~20% 计算，铁路部门可能需要为此增加 17%~33% 的运力。同时，图定列车在春运期间也出现了明显的客流不平衡，进一步降低了运力的利用效率，对比春运与黄金周客流峰值来进行大体判断，高峰期铁路的运力至少有 1/4 之一没有得到充分利用。其他运输方式亦是如此，因此，春运的运力紧张状况，绝非是总运量增长的绝对数值能够全面反映的。

（三）全国铁路客流峰值分析

20 世纪 90 年代以来，全国铁路春运日客流量峰值屡创新高，单日最高发送旅客数由 1996 年的 339.3 万人次增长至 2013 年的 742.6 万人次，增长

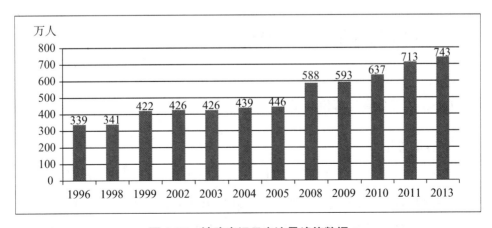

图 1.27　铁路春运日客流量峰值数据

数据来源：互联网搜集数据。

了一倍多。从最近 20 年有统计数据的年份来看，铁路春运日客流量峰值均出现在年后，在 2005 年以前主要发生在节后第七天，即正月初七，而近年来时间有所推后，多发生在正月十五之后。

表 1.3　铁路春运日客流峰值分布

年份	初七	初八	初九	初十	十一	十二	十三	十四	十五	十六	十七	十八	十九	二十
1996					■									
1999	■													
2002	■													
2003	■													
2004	■													
2005	■													
2008											■			
2009														■
2010										■				
2011											■			

二、典型地区春运客流分析

（一）江苏省春运峰值分析

1.客流总量

2012 年江苏省春运日客流总量呈现出较为典型的"M"型双峰状态，节前客流每日攀升，峰值出现在春节倒数第 3 天，即腊月二十七，为 318 万人次；除夕当天客流急速下降至 208 万人次，初一客流进一步降至最低的 130 万人次；初二客流开始快速回升，初六达到节后峰值，为 308 万人次；初七以后客流总体呈现下降趋势，直至正月十五；正月十六客流再次掀起一个小高峰，上升到287万人次，比前一天增加了13.3%，此后客流稳步回落至春运之前的状态。

江苏省春运日客流量统计数据充分显示了该地区客流在时间分布上的不平衡性，高峰时的客流量是最低谷客流量的2.4倍。但总体而言，高峰时段远多于低谷时段，春运客流量绝大部分时间均处于高位运行，日均客流量为269万人次，是峰值的84.7%。

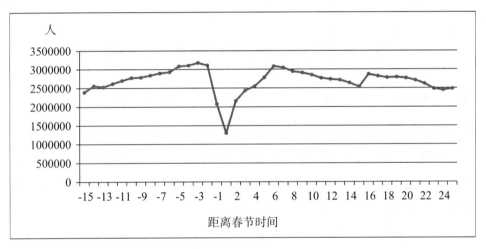

图1.28　江苏省2012年春运日客流总量峰值分布图

2. 铁路客流量

江苏省铁路基础设施网络较为发达，路网密度接近300公里/万平方公里，大约是全国平均水平的3倍，而且江苏也是中西部地区劳动力转移的主要承接地之一。因此，铁路在春运中发挥着举足轻重的作用，2012年，客流所占比例为9.9%，高出全国同期2.7个百分点。

2012年江苏省铁路春运日客流量峰值并不明显，总体而言除春节当天及前后两天之外，一直处于高峰状态，其中节前最高峰出现在春运前倒数第11天，即腊月二十二（小年的前一天），达到308万人次，节后两次高

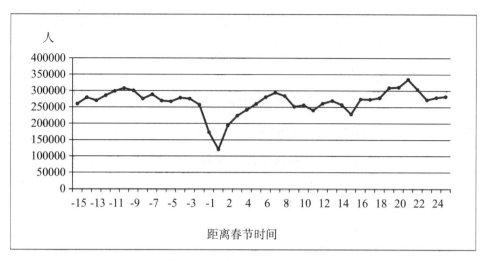

图 1.29　江苏省 2012 年铁路春运日客流总量分布图

峰分别出现在正月初六和二十，分别为 294 万人次和 334 万人次，其中正月二十的客流高峰达到了春运期间的峰值运量。

铁路在春运期间的持续客流高峰状态与客流总量的变动状况明显不同，特别是正月十五以后密集客流持续时间较长，说明其承担了较多的务工与学生客流。

3. 公路客流量

江苏省公路网络也四通八达，路网密度超过 150 公里 / 百平方公里，是全国平均水平的 3.4 倍，其中高速公路网络密度高居全国各省（市、区）之首。因此，公路在江苏省春运中也发挥着十分重要的作用，占 2012 年春运客流比例的 89.0%。

2012 年江苏省公路春运日客流量变化趋势与总客流量基本一致，同样呈现"M"型的双峰状态，节前峰值也出现在春节倒数第 3 天，即腊月二十七，为 287 万人次，节后出现两次峰值，分别在正月初六达到 277 万人次和正月十六达到 256 万人次。

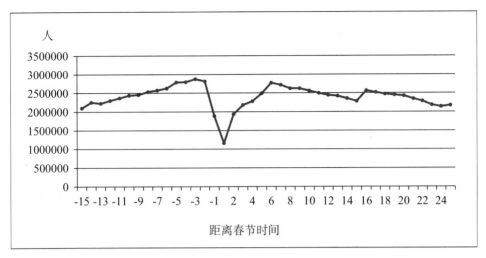

图 1.30　江苏省 2012 年公路春运日客流总量分布图

4. 水运客流量

江苏省是我国少数几个具备水运条件的省、市、区之一，水运在春运中仍发挥着有益的补充作用。2012 年，全省水运春运日客流量总体不大，日均客流量只有 1233 人次，但客流峰谷之间波动较为明显，两次最主要的高峰均出现在节日期间，分别在初二、初三和初五、初六，当日客流量都超过了 2500 人，峰值达到 2930 人次，是正月二十一最低谷时的 4.2 倍。水运是唯一一种客流峰值出现在春节黄金周（除夕至初六）中间时段的运输方式，说明其旅客群体构成与其他运输方式明显不同，旅游客流已经成为其主要服务对象。而由于自身技术经济特点和运输供给能力的限制，即使在春运客流最高峰时期（腊月二十七、正月初六、正月十六左右的时间段），水运也难以分担其他运输方式的客流。

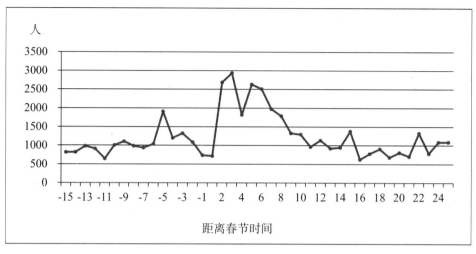

图 1.31　江苏省 2012 年水运春运日客流总量分布图

5.民航客流量

江苏省共有 8 个民用（含军民合用）机场，其中南京机场是我国第 13 大机场，年旅客吞吐量超过 1400 万人次，民航在江苏省春运中的作用已越来越突出。

2012 年江苏省民航春运日客流量相比于其他方式而言，波动并不大，除在临近春节 10 天之前和正月初七之后的 10 多天，出现了较为明显的上升和下降区间，以及春节当天与次日的大幅下降，其他时段客流基本保持高位震荡，大体可分为四个区段。第一段始于节前 10 天左右，民航进入春运高峰状态，日均客流量大多维持 3 万人次以上，直至节前倒数第二天，即腊月二十八；节前峰值出现在腊月二十六，达到 3.32 万人次，也是整个春运期间的客流最高峰。第二段始于除夕，当天客流由前一天的 3.21 万人次骤降至 2.08 万人次，成为整个春运期间的最低谷，此后客流震荡攀升，于正月初七达到节后峰值的 3.29 万人次；第三段为节后第二周，客流稳步下降至 2 万多人次；第四段始于正月十六，客流再次飙升至 3.11 万人次，并在 2.5~3 万人次左右波动直至春运结束。

总体而言，江苏省民航春运的高峰与低谷与整个春运客流的峰谷基本吻合，但特点也十分突出。正月初一其他运输方式客流均继续下降，而民航客流已开始回升，初二已迅速回升至高位，与其他运输方式相对缓慢的上升态势明显不同。这主要是由于民航承担了较多的长途旅游客流。另外，在节前 10 多天和节后 20 多天，客流持续高峰状态，除了受旅游客流因素影响之外，还有相当一部分缘于学生客流的增长。

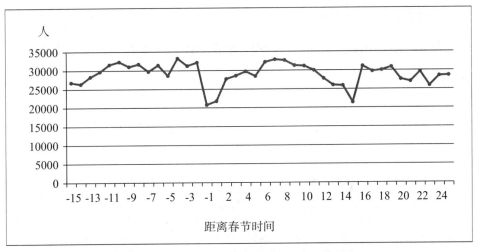

图 1.32 江苏省 2012 年民航春运日客流总量分布图

（二）北京西站春运峰值分析

2010~2012 年，北京西站春运日均发送旅客 27.7 万人次，每年在此期间旅客发送量都存在巨大波动，峰谷之间相差均在 2 倍以上，其中差距最大的 2011 年，客流最高 39 万人次，最低 8.1 万人次，相差 3.8 倍。客流分布呈现出以下规律：

1. 历年总量变动趋势

近年来客流总体呈上升趋势，节前极大密度的客流开始时间提前，节后较大密度的客流持续时间延长，节后客流高峰延后。

2. 当年客流变动趋势

多数年份节前客流呈现逐日攀升状态，客流密度大于节后，春节黄金周后，客流进入相对平稳状态，无大幅上升或者下降。

3. 当年客流时间分布

节前一周左右是发送旅客最密集的时间段，日发送量基本在35万人次以上，除夕至初五客流相对较小，但处于上升通道，正月初六以后基本恢复高峰客流，正月十五前后一般会再次出现一个小高峰。

4. 客流峰谷分布状况

客流峰值均出现在节前，大约在春节倒数第4~6天，客流最低谷均出现在正月初一。

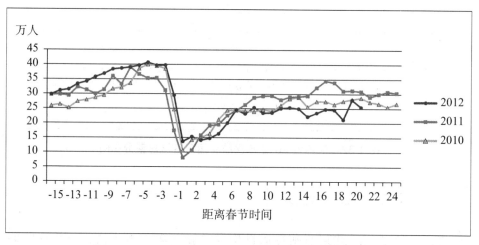

图1.33　2010~2012年北京西站春运日客流量分布图

三、分析结论

根据对上述两个地区春运期间的客流分析，可以得出以下结论：

——无论是客流总量还是各种运输方式，春运期间一般都会出现三次较明显高峰，分别在节前两三天、正月初六至初七左右、正月十六以后；客流低谷一般出现在除夕或正月初一，另外，正月十五的客流一般也会明显下降。

——铁路与民航客流高峰出现早、结束晚，持续时间最长，主要是由于铁路承担了大量的务工与学生客流，而民航也承担了很多学生客流。

——水运客流峰值出现在春节黄金周中间时段，民航正月初二客流即开始恢复，初三基本达到高峰客流状态，说明这两种运输方式承担了较多旅游客流。

——从江苏全省来看，节前节后客流相对平衡，说明有相当一部分换乘客流，另外各市之间也有平衡；但从北京西站来看，节前单日发送量明显大于节后，且高峰集中，这主要是由于北京这一特大型城市容纳了大量的"外来人口"，包括农民工、学生和其他就业者，也反映出这一群体春节期间对铁路运输高度依赖，且出行时间缺乏弹性。

第五节　客流历史演变趋势

根据上文对春运客流总量、分方式客流量、客流构成和客流时空分布的分析，我国春运客流历史演变呈现出以下规律。

客流总量——春运客流总量逐年增加，增长速度较快，但与平日客流量增速基本保持同步。不同年份客流量的上下波动与经济的起伏波动密切相关，经济繁荣，客流量增长较快，经济增速放缓，客流量随之放慢增速，甚至下降。

分方式客流量——一是铁路、公路、水运、民航四种主要运输方式的春运客流量总体均呈现增长趋势，但增速有所不同，近年来，铁路份额略有下降，公路份额较快上升，水运份额日渐萎缩，民航份额大幅增加，形成目前以公路、铁路为主，水运、民航为辅的春运方式格局；二是各种运输方式的供给能力对客流方式结构产生了重要影响，运输价格也在一定程度上调节了客流分布；三是除了上述四种传统运输方式以外，私人小汽车、摩托车等私人机动化方式也加入春运之中，并开始承担越来越多的客流。

客流构成——务工客流、学生客流和旅游客流是春运中较为重要、受关注较多且相对容易识别的三大客流，近年来均呈现增长趋势。务工客流开始随农民工数量渐趋稳定而减速增长，对铁路客流影响较大；学生客流也随高等学校招生规模的稳定而增速放缓，对各种运输方式均有一定影响，但总量不大；旅游客流随着国内旅游市场的快速发展而大幅增加，与民航客流量的迅猛增长密切相关，近年来对铁路客流的影响也越来越大。

客流时空分布——春运客流以中长距离运输为主，平均运距大于平时，但近年来呈逐渐缩短趋势；客流主要集中在热点地区、热点线路上，单向客流现象十分严重；春运期间，客流峰谷交错，波动明显，波谷主要出现在正月初一前后，波峰节前、节后共有多次，其中峰值一般出现在节后，过去主要在初七前后，近年来明显延后，一般出现在十五以后。

从某种程度上而言，客流不平衡是比客流规模大更为重要的、造成当前运力紧张的原因，且严重影响运输效率。如果不能从需求端实现客流向平衡方向发展，而仅从供给端增强运输保障能力，春运问题将很难得到有效解决，即使得到解决，也要付出极大的效率代价。但是，春运历史客流以刚性需求为主，旅客选择余地较小，其选择性不仅体现在"是否出行"，还体现在"是否在特定时点出行"、"是否在特定线路和特定方向上出行"和"是否选择特定运输方式出行"等几个方面。在运力供给结构性短期的情况下，刚性需求又难以被引导和调节，从而使运力得到充分利用，这是春运问题长期以来得不到妥善解决的关键所在，只有随着经济社会的发展，旅客需求发生变化，春运问题才有望从根本上得以解决。

第二章　春运的组织管理状况

第一节　春运组织管理系统架构

春运客流总量集中增长、结构突发变化，涉及多种运输方式及相关管理部门，由于参与流动的人数庞大，以及春节在我国社会生活中的特殊意义，春运组织管理较为复杂，尤其是与一般的运输组织管理在管理内容、管理主体、管理实现手段上均存在一些差异，需要从系统的角度去认识，并按照运输组织的一般要求和春运人员高度聚集流动的特殊要求，建立涵盖运输服务全程及各环节的系统性架构。

一、春运组织管理主体

春运组织管理工作开展的主体包括政府和企业两大类，政府主体包括各级政府的多个部门，从中央政府到地方政府，围绕春运的要求，凡涉及相关组织工作开展的部门均参与管理。由于参与管理的部门众多，通常由宏观管理机构作为综合部门负责春运的全面组织管理与协调工作，运输行业管理部门则担任春运组织管理的具体执行部门，除此之外，各地区根据自身情况还包括公安部门、产业发展部门、宣传部门、物价部门、气象部门、城市管理部门等等；企业主体包括各类交通运输公路、民航、水运以及辅助服务企业，鉴于本课题的研究目的主要是为政府决策提供参考，对于企业的相关管理仅作简要介绍，不作为重点。

二、春运组织管理模式

春运组织管理工作并非一种全新的业务，而是针对春节运输的高密度、大流量特征，将一些特殊的组织管理要求，纳入到既有的组织管理活动中去的组织管理行为。在既有的组织管理模式基础上，我国形成了一种针对性较强的特定组织管理模式，通常以各个地区、行业"春运领导小组"、"春运办"等形式出现。

（一）行业管理

在我国的管理体制以及运输的实际运行组织结构下，春运服务是在铁路、公路、民航、水运等具体的运输方式内分别完成的，通常铁路、交通运输，以及民航等部门，在春运期间分别成立春运领导小组及春运办，在全行业范围内进行春运相关问题的管理和协调，各省、市、县等地方运输行业管理部门也相应成立领导小组，对区域范围内的行业相关问题进行协调管理。

（二）区域管理

除了行业内成立领导小组，开展针对运输组织的协调管理外，我国还在国家、省（区、市）、市等各个层面，设置区域性的春运领导小组，由综合部门或地方政府主管领导牵头，将与春运相关的部门和企业纳入管理成员单位，进行区域协调管理。通常在国家层面由国家发展改革委负责召集铁路、交通运输、民航以及其他有关地区和行业管理部门等，成立协调组，负责行业之间、区域之间的春运问题协调组织。与之相类似，在地区层面由各省、市等地方政府牵头，召集区域内的运输各行业管理部门、下级地方政府以及春运其他相关部门和企业成立春运领导小组，负责区域内相关问题的协调与管理。

三、春运组织管理内容

春运的组织管理涉及以客运服务为核心的多方面内容，基于春运的特点，春运组织管理的主要内容可以归纳为两类。一是从春运组织管理的本质出发，其核心是开展运输组织管理，主要是针对春运期间的运输供给和需求开展各种组织和管理活动；二是与一般的运输组织管理不同，由于春运涉及庞大的人员大范围流动，对社会稳定和和谐运行具有重要意义，与这种庞大的人员运输密切相关的各种安全、保障、应急等管理要求重要性凸显，构成了春运组织管理内容的另一重要方面。

第二节　春运运输组织管理

依据春运的需求特征，进行运力组织管理，以提升运力供给水平、调整运力供给结构，是历年来春运运输组织管理工作的重点；同时，在运力组织管理的基础上，合理引导和调节需求总量与结构，是春运运输组织管理工作的另一个重要方面。

一、运力组织管理

针对春运运输需求与供给能力存在缺口和结构不适应，我国春运运力组织管理的主要内容包括增加运力供给和调整运力结构两个方面。按照管理的基本架构，我国的运力组织管理工作主要是在铁路、公路、民航、水运等行业内分别开展，组织管理的主体既有政府行业管理部门，也有相关运输企业，由于涉及系统的运力调配，因此还存在协调管理等相关内容。

（一）铁路春运运力组织管理

1.组织管理格局

中国铁路总公司成立以前，铁路部门采取的是政企合一的管理模式，行业管理与运行组织同属于铁路部门职责。行业内部管理结构上，铁路部门采取垂直管理方式，地方政府对于铁路行业管理和组织运行影响力有限，地方铁路管理部门在调度上服从铁路部门的统一管理。因此，铁路运力的组织管理呈现相对集中和独立的特点。

2.组织管理措施

由于铁路部门独特的管理架构，铁路运输组织管理体现出行业意志与企业行为的高度统一，在明确的加强运力保障，促进运力供给规模、结构与春运需求相适应的管理意图下，铁路部门具体采取的组织管理手段包括压缩检备率、增开临客等各种有利于增加运力的措施，以及根据客流集中方向跨局调配车底、停短开长等有利于匹配春运需求的运力结构优化措施等。

（二）公路和水运春运运力组织管理

1.组织管理格局

与铁路部门不同，公路和水运采取的是政企分开的管理模式，运输组织管理工作开展的主体包括政府和企业两方面，政府开展行业管理工作，企业负责具体运营组织。在行业管理结构上，公路和水运部门采取的是横向与纵向结合的管理模式，各级地方政府的交通厅（局）等行业管理部门在上级交通部门的指导下，结合本地区具体情况，开展行业管理工作。在市场运行方面，公路和水运客运市场高度分散，地区分割较为明显，企业规模化、网络化发展水平较低。

2. 行业管理措施

在行业管理上，各级政府行业管理部门以保障运力供给为核心，采取了各种措施。一是价格管理措施，即规定在春运期间，公路和水运运输价格可以在一定比例内上浮，以此鼓励企业增加运力投入，该政策于 2008 年取消，并取代以对参加春运的车辆船舶减免部分行政性收费和通行费，调动运力投入；二是行政性管理措施，交通管理部门放宽和简化在春节期间投入运营的运力准入审批条件与审批程序，引导各种车辆、船舶参与春运旅客运输；三是在具体管理上，采取临时性运行监管措施，比如不允许企业在春运期间无故停运一些线路。

3. 企业管理措施

在企业运营管理上，公路和水运客运企业自主应对市场变化，开展各种具体经营管理行为，增加运力，提高运输效率，提升总体运能，并按照市场需求，调整运输区域、方向结构，以更好地适应春运需求特征。

（三）民航春运运力组织管理

1. 组织管理的格局

民航部门采用的是政企分开的管理模式，政府开展行业管理工作，企业负责具体运营组织。在行业管理结构上，民航采用的是垂直管理模式，行业管理相对独立。在市场结构上，由几家大型国有民航企业形成寡头垄断格局，同时也有多家民营航空公司参与市场竞争，与公路、水运市场相比，市场的运行秩序较好。

2. 行业管理措施

在行业管理上，民航管理部门针对春运采取的措施主要集中在对航线的相关管理上，包括按照春运需求，开展航段的临时经营、经停航班和直飞航班的调整审批等。在票价管理上，民航管理部门采用的是浮动票价管理机制，规定了最高价格，航空运输企业自行根据运输市场行情，调整折扣比例。虽然这一机制并非针对春运，但适用于春运期间的行业管理，且发挥了重要作用，春运客运需求大幅增加，通过价格上升刺激企业加大运力投入，对于缓解春运压力、有效满足旅客需求，具有重要意义。

3. 企业管理措施

在企业运营管理上，航空运输企业与公路、水运运输企业相类似，也是主要通过企业自主经营管理行为，应对春运市场需求变化，有效满足旅客运输需求。

二、运输需求管理

我国的春运需求组织和引导工作主要包括两方面内容，一是对需求和供给的匹配组织，二是对需求的引导管理。

（一）春运运输服务的供需匹配组织

1. 针对性组织

针对性组织是指依据春运的需求结构，有针对性地开展运输组织，使供需之间形成良好匹配。从春运的历史过程看，春运对运输需求的组织工作一直体现着有针对性的特点。

新中国成立以后，我国春运问题在 20 世纪 50 年代末至 60 年代初开始逐步凸显。随着国家战略性"建设大西北"、建设"大三线"等大工业化进程的推进，大量山东、安徽、河南等地的合同工，在春节期间聚集于陇海铁路沿线出行，出现特定运输方式（铁路），特定方向（陇海线自西向东）的集中客流，这种情况下，铁路部门与主要地方政府紧密协作，加大上述方向上的运力投入，开展有针对性的春运组织管理工作。

此后，根据我国经济社会发展的特点，这种针对性的组织工作内容与范围逐步拓展，针对农民工、学生流等不同旅客群体，在一些主要方向上，开展有序运输组织，使供需形成较好的匹配效果。需要指出的是，这种针对性的运输组织工作主要开展于铁路运输领域，公路领域虽然也存在，但相对较少，这是由我国不同运输方式市场结构以及技术经济特点等决定的。

针对性组织工作的开展，主要由铁路部门与地方相关单位共同推动。如针对农民工，地方政府的产业管理部门组织相关用工企业调查出行人员和方向，然后由铁路部门协同组织运力，合理进行票务组织，同时，宣传部门加强与之相关的各种出行引导性和帮助性宣传工作。

2. 售票组织

售票组织是沟通供给方与需求方之间的载体，是进行运输组织的重要环节，也是人们对春运服务质量直观感受的重要方面。春运期间的售票组织是在平时售票组织基础上，将春运特点纳入管理过程的组织行为。

民航的售票组织在平时的运行中就较为成熟，窗口、代理、网络等方式多种多样、能力充分、便捷高效，基本能够满足春运期间的旅客购票需求，因此，相关部门并没有在春运期间采取特殊性的其他措施。

公路领域售票组织在平时主要采用的是现场窗口售票的单一模式，这种售票组织方式的能力主要取决于人工效率和窗口的开设数量。在春运期间，公路售票组织在能力上存在较大缺口，相关部门和企业主要采取增加售票窗口，延长售票时间，采取有针对性的团体订票等方式，开展春运的售票组织。

铁路方面，售票组织在近几年获得了较大的改善。2010年以前，铁路售票模式与公路类似，主要采用窗口和代售点售票为主，并采用不记名的售票方式。在春运铁路出行需求密集、运力供给不足的背景下，旅客购票耗时较长，常常出现通宵排队的现象，且倒票现象屡禁不止。此后，铁路部门着力改善服务，完善售票组织，采用了网点、窗口售票与网络、电话售票相结合的方式，并推行火车票实名制，出行群众对铁路运输服务的信息获取更为全面和便捷，供需的匹配速度和效率获得大幅提升。春运期间，铁路部门还实行了窗口 24 小时售票，并保障网上票源信息全面准确、更新及时。除上述售票组织工作外，铁路部门在春运中针对学生、农民工等特定群体，提供了团体订票服务，实施有针对性的预定管理措施，强化了铁路对运输需求的掌握，并据此提供更为有效的供给服务。

（二）需求的引导管理

我国春运需求引导管理工作主要包括两方面内容，一是对需求总量进行引导和控制，二是对需求结构进行引导和调节。其中对春运需求结构的引导是更好利用运输资源，更高效率应对春运的重要举措，是春运需求引导的核心工作。对春运需求结构的引导主要针对出行方式结构、时间结构以及空间结构等几个方面。

1. 对需求总量的控制引导

春运出行需求规模与我国传统文化，以及当前区域经济格局所决定的人口流动结构等因素密切相关。对春运出行需求总量的控制引导，是在我国交通运输能力明显不足，保障水平严重滞后背景下的无奈之举，而非最佳选择，其主要措施包括以下几个方面。

一是从产业管理和宣传角度，鼓励相关人员春运期间不出行、少出行。如广东省聚集了大量的农民工，产业部门要求相关企业做好农民工不回家过年人员的安排，宣传部门配合开展宣传工作，并规定春节之后的特定时期内（一般为一个月），用工单位不开展招工工作（1995 年）。

二是提高出行成本。多年来，我国的铁路、公路、水运、民航等各种运输方式，在春节期间的运输价格均出现过上浮，尽管运输价格上浮存在鼓励运力投入、调整运输方式结构、引导出行时间结构等多种考虑，但抑制需求也是其政策出发点和客观效果之一。

三是运输供给不足的被动抑制。春运期间，运输供给能力不足，虽然这并不是主动的需求总量控制引导措施，但在客观效果上抑制了春运期间的旅客出行需求。

2. 对出行方式结构引导

春运组织中，对出行方式结构的引导是指通过各种手段，引导运输需求主体采用管理者所希望的运输方式出行，其根本出发点是在既有的能力总水平下，尽可能使运输服务资源得到最大化利用，使更多出行需求得到满足。由于在春运期间，一些特定方向上的长距离运输需求集中、规模庞大，在各种运输方式中，铁路的技术经济特征最符合此类需求，但铁路的总体运输能力有限，为保障对这部分需求的运力供给，春运组织管理对出行方式结构的引导主要集中在铁路领域，即引导中短距离运输需求从铁路向公路等其他运输方式分流，具体手段包括能力供给的引导和价格的引导等。

（1）能力供给引导。即铁路采取调整运行图，停短保长的运力供给政策。在这一政策下，铁路服务能力在短距离运输上的供给水平降低，从而将短途客流分流出去，由公路运输承担这部分需求，确保铁路长途旅客的运送，实现对运输需求在不同运输方式上的引导。如北京铁路局在高峰期将管内多对短途列车改为开往华东、东南、西南等方向紧张区段的长途直通列车，短途需求则由社会公路运输进行替代。

（2）价格引导。铁路在春运期间调整运价，提高短途运价水平，降低特定方向上长途运价水平，使公路与铁路形成新的运价比价关系，在中短途运输上增强吸引力，促使中短途运输需求向公路集中和转移。如1985年，为增加公路在春运中承担客流的比重，我国就曾经采用过这一价格引导措施。再如1992年，广东省试行铁路春运浮动票价，当年，全省春运铁路客流量下降了8%，同时公路客运运力与运量出现明显增长。

3. 对出行时间结构上的引导

对出行时间结构的引导是指通过各种手段，引导运输需求主体在不同的时间段分散出行，实现错峰平谷，降低高峰时段的出行组织强度。我国对春运出行时间结构引导主要采取旅客分流组织和价格引导等措施。

（1）旅客分流组织。历年来，交通部门与地方政府劳动部门、教育部门等在春运中协同开展组织工作，引导农民工、学生等客流集中的特定群体尽量在不同时间段出行，使春运期间客流时间分布趋向均衡。

（2）价格引导。历史上，我国铁路、公路、水运、民航等运输方式在春运期间均采取过提高高峰时段客票价格的措施，引导旅客错峰出行，使运输需求在时间分布上更加均衡分布。进入 21 世纪以来，随着运输能力的增长和发展环境的变化，春运提高票价的政策已经在铁路等行业逐步取消，在公路、水运、民航等领域，随着市场化程度的提高和运价管制政策的调整，春运票价也更多依靠市场调节，在一定范围内上下浮动，政府则加强了市场监管，防止"乱涨价"等扰乱市场秩序和损害乘客利益的行为发生。

4.对出行空间分布的引导

春运客流空间分布的极度不平衡是我国地理空间、区域经济、人口分布、社会制度等多重因素共同作用的结果，这些因素或者是自然因素，或者是长期积累的因素，改变起来异常困难，至少要经历一个相对漫长的过程。春运组织管理工作对旅客出行空间分布的引导，无法触及深层次原因，短期的、临时性的措施对于刚性需求很难发挥作用，因此，当前在这一领域鲜有动作，大多数情况下，是依靠供给短缺的被动抑制。

第三节　相关保障组织管理

相比于一般日常性运输管理，春运的特殊性在于人员数量的异常庞大，因此，除了由运输部门主导的运输组织管理之外，还需在实现运输服务全过程的其他相关环节，围绕安全、秩序、后勤、应急等方面开展相关的保障组织管理工作。

一、安全保障

（一）运输安全保障组织管理

运输安全保障组织管理涉及行业管理部门、运输服务企业以及公安交通管理部门等，各部门在日常安全管理工作的基础上，均提出了针对春运加强安全管理的各项措施，以应对大量客流聚集产生的安全问题。

铁路、公路、民航等行业管理部门通常会成立各种专业安全工作组，开展以设备、司乘人员等为对象，在运输工具运行、旅客乘降组织等各环节的全面检查工作，对客运线路、发车时间、数量等进行调控，合理组织运力，严防疲劳驾驶、违规操作等行为的发生。公安交通管理部门在春节期间通常要强化监管执法，针对如超载、酒驾等行为开展各种专项检查工作。运输企业在春运时期也进一步强化了安全运营管理，保障旅客出行安全。

（二）治安保障组织管理

春运期间，人流集中，治安保障工作也是历来安全工作的重要内容之一。通常治安保障组织工作由各地方公安等部门负责具体实施，各地加大对交通沿线和车站、码头、机场内部以及周边的治安巡查力度，严厉打击各种犯罪行为，尤其是车匪路霸，以及危害行车安全的其他犯罪行为。

二、秩序保障

（一）市场秩序管理

春运期间，运输服务市场活跃，市场秩序的维护尤为重要，尤其是公路客运市场相对分散，维护秩序的要求更加迫切，任务更加艰巨。通常此类工作是由地方的公安、交通、工商、物价等部门协同开展，针对无证经营、哄抬运价、强行拉客、倒卖车票、欺行霸市等各种扰乱市场秩序的行为进行整治和打击，规范客运市场，维护运输秩序。

（二）乘降及相关组织秩序管理

春运客流庞大、集中，对于交通枢纽，尤其是一些大型的综合客运枢纽，旅客到发乘降、中转换乘等组织要求非常高。对此，交通部门、城市管理部门、交通枢纽站场、运输企业等单位均针对性的开展了秩序管理与客流组织工作。具体措施包括乘客的候车组织、检票组织、疏散交通组织等等。

三、应急保障

春运运力处于满负荷运行状态，一旦发生各种突发情况，应对往往较为困难，因此，春运期间的应急保障工作重要性凸显，复杂程度也较高，各行业管理部门和地方政府均建立了相应的工作机制和制定了相关工作方案。2008年春运期间，我国南方发生严重雨雪冰冻灾害，致使旅客大面积滞留，对我国春运应急保障组织管理提出了严峻考验，此后相关工作进一步深化。目前，我国各行业管理部门、地方政府均针对春运特点、按照相关要求加强了应急保障工作，基本手段是针对天气、安全等情况做好各种预案，以便在特殊与紧急状态下快速、有序开展工作，并做好各种物资准备和预留运力。

第四节　春运组织管理工作评价

一、宏观层面总体评价

（一）春运组织管理工作成效显著

历年春运组织管理工作在运输服务供给和运输服务保障方面，均取得了积极成效。春节期间，旅客出行规模庞大、方向集中、运距增加、时间密集，对运输能力的要求高，各部门、各行业通过积极开展春运组织管理工作，有效地促进了运力投入，引导和调整了运输服务结构，使春运服务供给与需求实现了更有效的匹配，基本满足了我国春节期间群众刚性出行需求。同时，针对旅客高度聚集引发的各类问题，组织管理各方也通过各项工作的开展，维护了春运全过程的安全与秩序，有力保障了春运的顺利推进和社会的和谐稳定。

（二）春运组织管理工作存在固有局限性

春运组织管理工作具有两个基本特征：一是组织管理的主要领域在交通运输及其相关的过程领域，而非源头；二是组织管理主要是针对运行开展的具体工作，不涉及行业长远发展问题。正是由于存在上述特点，导致春运组织管理工作有其固有的局限性。

首先，春运问题属于社会经济发展的全局性问题，以运输服务为核心开展春运组织管理工作，不可能从根本上、系统性解决春运的问题；其次，春运组织管理是一种周期性、临时性的行业运行管理措施，并不直接触及行业发展的深层次问题，对包括综合交通运输体系的总体规划、基础设施的规模与布局、不同运输方式的定位与分工，以及行业政策制定等行业长远发展问题，形成的影响有限；第三，春运组织管理是一种在特定阶段开展的针对性管理，是以行业发展的既有水平状况为基础开展的相关工作，不可能脱离行业发展实际，因此组织管理工作的效果，受到行业发展格局的各种限制，对春运过程中很多问题，只能一事一议，从特事特办的角度开展工作，能够发挥的作用有限。

二、操作层面具体评价

（一）春运组织管理工作已深入发掘了各方潜力

如上所述，春运组织管理工作有其难以突破的宏观环境和行业发展水平的局限性，在此背景下，春运具体操作层面的工作只能以尽可能地满足眼下需求为目标导向。为此，春运的组织管理已经动用了各方资源，采取了各种手段，事实上，也最大限度地释放了既有能力。从行业管理角度来看，各行业管理部门针对春运开展了大量运力调配、客流引导、市场监管、后勤保障等工作，已经极大地发挥了各个行业自身的潜力；从地方管理角度看，特定区域的政府部门通过设立临时的专门管理和协调机构等方式，充分调动区域内各相关管理部门参与其中，管理内容也较为全面和深入。在各方的共同努力下，我国春运组织管理以有限的资源和能力，完成了一年一度超大规模人口集体迁移的运输服务和各项保障，相关工作应得到充分肯定。

（二）春运组织管理工作中存在的问题

1.不同运输方式的管理措施缺乏行业间统筹

无论是行业内的组织管理还是行业间的协调管理，春运组织管理均存在多目标的特征，做好春运组织管理工作，首先需要在系统分析的基础上，统筹好多种目标，形成统一的目标思路，继而形成有效的具体组织管理措施。而在我国的春运组织管理中，大多具体措施由各个部门制定，缺乏统筹，不利于组织管理系统目标的实现。

（1）价格措施缺乏行业间的统筹。价格定位涉及出行群众切身经济利益、出行决策和运输企业的运力投入、方式结构、运输时间和方向线路等等，在春运管理中属于极为复杂和重要的因素。在历年春运组织管理中，各种运输方式的票价政策发生过多次变动，但均未建立在协调目标管理的基础上，因此其系统合理性值得商榷。春运中，地位最为重要、任务最为繁重的铁路和公路两种运输方式的运价均经历了浮动票价和价格回归的政策演变过程，从自身角度看，其不同时期的价格政策都具有一定的合理性，但综合不同运输方式系统进行考虑，又存在政策制定逻辑不清晰、目标不统一、相互间缺乏统筹问题。

对于春运价格上浮政策，铁路部门主要是出于弥补运输成本上升的考虑，也有提高特殊时段、特定方向上的价格，以调节需求、平衡客流的考虑；公路运输价格的上调，多考虑的是市场因素，即提高价格促进社会运力的投入。上述两个部门从各自角度采取的价格政策均合理可行，但综合来看，价格上调对于增加春运期间运力、优化运输结构与保障出行群体经济利益之间的协调却缺乏论证，而公路、铁路的价格均上调，又失去了促进运输方式结构合理化的作用。

对于春运价格回归政策，在我国总体运输服务能力已有较大提升的背景下，体现了以人为本的理念，起到了保障出行群众经济利益的作用。但这一政策，也斩断了运用价格手段调节运力供给与需求结构、促进各种运输方式合理分工的途径，春运期间有限的运力资源难以发挥最大效益。

（2）运力调配管理措施缺乏行业间协调。铁路运输采用的是全网络调度管理模式，在春运管理组织中，通常直接调运一些地区和线路上的既有运力，投入到相对紧张的运输线路中去。而公路具有较强的属地化管理特征，缺乏网络整体管控能力，铁路运输在实行网络调配政策过程中，公路运输服务难以及时跟进，往往造成铁路运力调出地区的旅客滞留等问题。

这一问题的出现存在多重原因，首先，虽然国家通过管理体制改革成立交通运输部，但不同运输方式之间依然实行的是分割管理，公铁两种运输方式之间的协调工作开展难度较大；其次，铁路运输采取垂直的条状管理模式，而公路运输采取"行业＋地方"的条块结合管理模式，二者之间缺乏沟通的平台和有效渠道；第三，铁路运输的整体管理和运行与公路的市场化、企业分散管理与经营，在管理机制上存在明显差异，相关措施实现的时效也不同，如铁路的结构调整可以直接由系统快速完成，但公路运力调配则通常需要跨省、市协调和市场的调节，需要一定时间和过程，二者难以同步实现。

2.区域间的春运组织管理协调不足

针对春运管理，各级政府大多成立了"春运领导小组"、"春运办"等机构，负责本级政府所辖区域范围内涉及春运的各种相关事宜的协调，对于地区之间的协调，则由上级政府对应机构开展相关工作。但是，从多年的协调效果来看，并不尽如人意，问题主要存在于两个领域，一是条块管理相结合的公路运输服务领域，二是总体的春运保障组织管理领域。

在公路运输服务的区域协调上，地方政府公路运输管理部门作为行业管理的主体，在市场化运行模式下，对运力组织控制力有限，且缺乏对市场调节的手段。而公路运输市场自身尚未形成统一开放、发育完善的市场环境，由于地区分割管理，市场主体较为分散，调配资源的作用也难以发挥。

在春运组织保障方面，由于各地区地方政府独立开展春运具体工作，虽然相互间建立了一定的沟通协调机制，但缺乏有效的平台以及协调的具体措施，在信息的即时传递、共享，以及相关保障管理的无缝衔接等方面，存在一定的区域分割，不利于春运时期运行水平的整体提升。

3. 运行管理水平有待提高

（1）铁路售票等环节需合理组织。近年来，铁路实行了车票实名制，并开展了网络与电话售票、延长预售期、降低退票费等一系列售票服务改进措施，提高了售票效率，惠及了广大乘客，是铁路运输服务一次质的飞跃。但在春运期间，由于供需极度紧张，一部分乘客为了实现自身出行权益的最大化，采用多渠道、多时段、多车次的购票策略，导致重复购票激增，加剧了票源紧张状况，而且许多车票在发车前才被退掉，本就稀缺的运力资源被无故浪费。针对这一问题，铁路需要按照春运的特殊性，改进售票具体环节设计，使售票组织更加合理和高效。

（2）公路市场需进一步加大监管力度。公路运输市场分散，企业整体发展水平不高，春运期间超载、"宰客"等现象屡屡发生。近年来，随着监管的加强，超载现象逐步得到控制，但对于票价的监管仍显不足。如2007年以来，春运管理部门规定公路运输春节期间不实行票价上浮，但这一措施在很多情况下并未得到有效实行，政策效果大打折扣。

第三章 未来春运客流演变趋势分析

第一节 春运客流演变的影响因素分析

一、经济影响因素

（一）经济发展

改革开放以来，我国经济保持了 30 多年的持续高速增长，2012 年增速虽略有下降，仍实现了 7.8% 的增长速度，全年国内生产总值达到 51.93 万亿元。尽管一段时期以来，世情国情发生了深刻变化，我国经济社会发展也开始面临不同的发展环境，或将呈现出新的特征。但综合判断国际国内形势，未来我国发展仍处于可以大有作为的重要战略机遇期，经济稳步增长仍是发展的主流趋势。根据发达国家发展经验，经济增长将促使居民出行次数增加，因此，我国全社会客运需求仍将维持快速增长态势，春运期间的总体需求也会保持同步增长。

（二）工业化

工业化是现代化的基础和前提，指工业在一国经济中的比重不断提高以至取代农业，成为经济主体的过程，这一过程的特征主要是农业劳动力大量转向工业，农村人口大量向城镇转移。2011 年，我国工业增加值占 GDP 比重为 39.9%，规模以上重、轻工业比例为 71.8：18.2，均已处于较高水平，我国已经进入工业化中期向工业化后期转变的过渡时期。中央适时提出走"科技含量高、经济效益好、资源消耗低、环境污染少、人力资源优势得到充分发挥的"新型工业化道路，为我国继续推进工业化进程，实现产业结构升级指明了方向。未来，我国必须从人口多、劳动力资源丰富的实际出发，处理好发展资本技术密集型产业与劳动技术密集型产业的关系，在加快发展高新技术产业的同时，大力振兴装备制造业，广泛吸纳社会新增就业人口和农村转移劳动力。这意味着在相当长的一段时期内，工业发达地区特别是大型工业城市仍将聚集大量人口，这些人口在春节期间的出行意愿，构成春运巨大的潜在需求。

（三）区域经济协调发展

在"推进西部大开发，振兴东北地区等老工业基地，促进中部地区崛起，鼓励东部地区率先发展的区域发展总体战略"和《主体功能区规划》的指导下，我国向着区域协调发展的方向不断迈进。近年来，中西部地区的经济增长速度连续超过东部地区，发展差距逐渐缩小。2005 年至 2011 年，东部与西部地区的人均 GDP 比值已由 2.49 下降至 1.92，城镇居民人均可支配收入和农村居民人均纯收入的比值分别由 1.52 和 2.02 下降至 1.45 和 1.87。今后，我国还将继续顺应全球化趋势和生产要素优化配置的要求，鼓励区域间产业有序转移，劳动力和资本等要素合理流动，形成区域协调发展的新格局。随着区域间经济发展水平、产业布局趋向均衡，过去自西向东，由内地到沿海的大规模人口流动将趋于缓和，广大中西部地区在吸引产业转移的基础上，有条件提供一定规模的工作岗位，引导劳动力当地就业，这将在一定程度上缓和春运中客流激增与区域间极不平衡的状况。

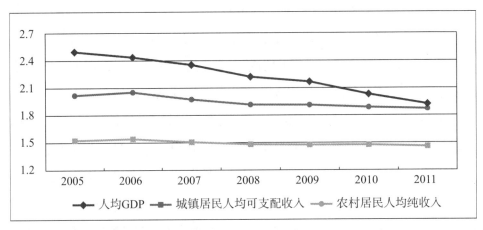

图 3.1 　2005~2011 年我国东部与西部地区部分经济指标的比值

（四）城乡居民生活水平提高

改革开放以来，我国城乡居民收入持续增长，生活水平大幅提高。2012 年，我国城镇居民人均可支配收入和农村居民人均纯收入分别为24565 元和 7917 元，按可比价格计算，分别是 1978 年的 11.8 与 12.0 倍。与此同时，居民消费水平与结构也显著提升，城镇与农村居民家庭恩格尔系数分别由 1978 年的 57.5 和 67.7，下降至 2011 年的 36.3 和 40.4，按照联合国划分标准，已经从温饱甚至贫穷状态提升至小康甚至相对富裕水平，与世界上大多数发展中国家基本相当，与发达国家的差距不断缩小。根据党的十八大报告，到 2020 年，我国将全面建成小康社会，城乡居民人均收入实现倍增，而根据同期 GDP 翻番和居民收入增速超过经济增长速度的预期目标，以及当前的政策取向，我国人均收入的增长将不止翻一倍。另据相关预测，2020 年我国中等收入人群有可能达到 6~7 亿人，或将超过总人口的 50%。在收入大幅增长的同时，我国也在大力发展民生工程，随着医疗、教育、就业、居住、养老、社保等保障制度的日臻完善，城乡居民的实际生活水平将明显改善，加之政府正在积极实施扩大内需的各项政策，居民消费需求与消费能力未来将显著提升，消费结构也将日趋丰富，消费者正在从价格敏感者向价值追求者转型。这种变化将使我国居民交通出行需求显著增长，尤其是春节期间因探亲、旅游等派生的交通需求大幅增加，而且旅客对春运服务的需求也更加多元，对服务水平提出更高要求，优质优价的春运服务将被越来越多的旅客所接受和追求。

二、社会影响因素

（一）城镇化

城镇化是由农业为主的传统乡村社会向以工业和服务业为主的现代城市社会逐渐转变的历史过程，从巩固提升农业、扩大内需、促进经济增长的角度，城镇化是一个重要的经济因素，但从影响春运客流的角度而言，城镇化更体现为一种社会因素。城镇化伴随着农村剩余劳动力向城市转移，城市人口与用地规模不断扩大。而当前我国城镇化进程中的一个突出问题是，土地城镇化大大快于人口城镇化，且受制于户籍制度，大量工作、生活于城市的农民工没有真正转为市民。2000~2010年，我国城镇建成区面积扩张了61.6%，而城镇人口仅增长了46.1%。2011年底，我国城镇化率已达到51.3%，但除去1亿多外出打工人员，城镇化率则不足40%。根据即将颁布的全国城镇化规划，有序推进农业转移人口市民化被列为我国城镇化的战略重点之一，未来将有序放宽农民工城镇落户条件，逐步将农民工纳入城镇基本公共服务范畴。根据社科院研究成果，今后20年内，中国将有近5亿农民需要实现市民化，随着相关措施落实到位，大量农村剩余劳动力将有望在城市安居乐业，不必再频繁奔波往返于城市与家乡之间。因此，城镇化的推进将使春运期间以农民工为主体的区域间、城乡间人口流动规模逐渐缩小，甚至会影响我国春运的整体格局。

（二）就业意愿

由于自然条件、发展差距等多方面因素，我国就业趋向明显向经济发达地区倾斜，特别是高校毕业生和农民工这两大就业需求群体，主要集中在直辖市、计划单列市、省会城市等大城市以及东部沿海地区的其他大中城市。据相关调查，我国2011届高校毕业生70%左右在泛长江三角洲、泛珠江三角洲和泛渤海湾三大区域就业，50%左右在直辖市或副省级城市就业；2011年，65.4%的农民工在东部地区务工，其中广东、浙江、江苏、山东等4个省吸纳的农民工占到全国农民工总数的近一半。工作地、居住地与家乡的分离形成了务工流与探亲流这两大春运期间的主力客流。人口过度向大城市集聚不仅给春运带来巨大压力，也使区域协调发展、环境承载能力等面临严峻考验，为此，国家正积极采取措施，引导人口在不同地区均衡就业，以改变这种状况。针对高校毕业生，我国先后推出"西部计划"、"参军入伍"、"三支一扶"、"选聘到村任职（村官）"等大学生基层就业项目，鼓励大学生到基层岗位就业。针对农民工，各地结合产业梯级转移与升级，努力创造条件，引导当地农民离土不离乡，扩大本地就业。随着相关措施的推进，以及外部环境影响与个人观念转变，我国劳动者的就业意愿正在悄然发生改变，越来越多的大学生不再紧盯大城市的就业岗位，而是选择从基层做起，很多农民工也把务工地点选在家乡所在或邻近的中小城镇。未来，这种劳动者就业意愿的变化可能在一定程度上缓和目前人口过度集中的分布格局，从而舒缓春运期间客流极端密集和时空不平衡的状况，特别是热点地区、热点线路有望逐步降温。

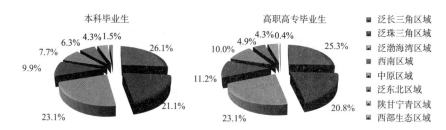

图 3.2 我国 2011 届高校毕业生半年后就业区域分布

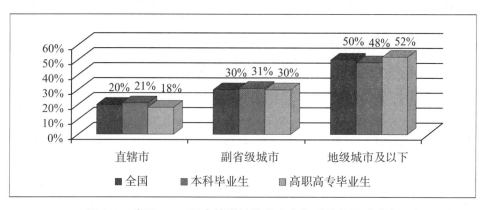

图 3.3 我国 2011 届高等学校毕业生半年后就业区域分布

数据来源:《麦可思——中国 2011 届大学毕业生社会需求与培养质量调查》。

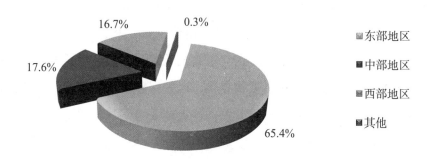

图 3.4 2011 我国农民工就业区域分布

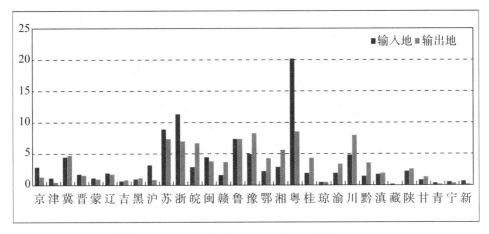

图 3.5　2011 我国农民工在输入地与输出地的分布

数据来源：国家统计局《2011 年我国农民工调查监测报告》。

（三）人口迁移方式

我国因谋生需求产生的人口迁移一直以"个体流动"为主，迁入地与迁出地的血脉联系难以割断，形成了两地之间较为频繁的人员往来，且春节期间以节前由迁入地至迁出地、节后由迁出地至迁入地为主的大规模人员流动。随着我国家庭规模的逐渐缩小，"4+2+1"成为当前社会主要的家庭结构模式，"个体流动"的人口迁移方式带来了城市"空巢老人"、农村"留守族"等一系列社会问题。近年来，由于赡养老人、照顾未成年子女等原因，人口迁移由"个体流动"到"家庭式迁移"的趋向日益明显。今后，随着户籍等社会管理制度的改革和完善，以及保障性安居工程的逐步推进，越来越多的人将采用举家迁出的方式在迁入地安家落户，并融入当地社会，与迁出地的联系也将逐步淡化。人口迁移方式的改变将降低春节期间离乡人员返乡的客运需求，尤其是缓解客流在时间与空间分布上的不平衡状况。

三、文化影响因素

（一）传统观念

春节是我国最重要的传统节日，春运客流的形成与我国世代相传的家庭观念与文化习俗密不可分。一方面，我国存在规模庞大的流动人口，约占总人口的 20% 左右，在外奔波了一年的游子们，无论身在何处，在春节期间总是想方设法"回家过年"。根据《2013 年流动人口春节期间返乡意愿调查》，60% 左右的流动人口计划返回户籍所在地过春节，另有 9% 的受访者尚未确定是否返乡。另一方面，由于工作、婚姻等原因，同一个大家庭的成员往往分散在不同地区定居，人们也习惯在春节期间走亲访友，与各地的亲人团聚和共庆佳节。可以预见，这种已延续千年的文化传统在相当长的一段时期内都不会改变，因此，春节期间的大规模人口流动也将年复一年持续下去。

（二）家庭团聚方式

尽管绝大多数中国人不会改变春节期间家庭团聚的传统习惯，但随着生活条件的改善，人们在继续追求节日团圆的同时，团聚方式却在悄然改变，越来越多的独生子女开始将父母从家乡接到自己生活的城市过年，也有很多家庭亲朋好友趁新春佳节相约出游。这将在一定程度上改变人们在节前节后集中出行的习惯，以及发达地区与欠发达地区分时、单向客流特征，使得春运客流的时空分布更加平衡，客流高峰有望缓解。

四、政策影响因素

（一）户籍政策

我国当前的户籍管理制度在很大程度上限制了人口的自由迁徙，形成了大量居而不定的流动人口，进而产生了春运期间的集中客流。近年来，为了适应完善市场经济体制的要求，推动城镇化进程，我国开始加快户籍管理制度改革，目前已出台相关文件，要求落实放宽中小城市和小城镇落户条件的政策。随着改革的推进，以及相关社会管理与公共服务政策配套到位，流动人口将逐渐减少，春运客流格局也将因此而改变，特别是城乡之间的大客流有望得到缓解。但作为流动人口主要流入地的大城市，特别是"北上广深"等一线城市的户籍改革取得实质性进展尚需时日，因此，在较长的一段时期内，春运客流受户籍政策的影响仍然有限。

（二）休假制度

与国际相比，我国公共假期总体偏少，且带薪休假制度落实不到位，导致人们在春节等有限的假期内集中出行。近年来，我国在休假制度方面也在不断地探索改革，并推出了黄金周、小长假等休假方式，使广大人民群众的休闲旅游需求得以释放。日前，国务院又正式公布了《国民旅游休闲纲要（2013~2020年）》（以下简称《纲要》），标志着由国家主导的国民休闲开始启动。未来我国的休假制度还将进一步改革，公共假期有可能继续增加，职工带薪休假制度尽管在实施中面临重重障碍，但根据《纲要》也将在2020年基本得到落实。由于春运目前主要是以"回家过年"的刚性需求为主，休假制度改革也难以分流这部分需求。但近年来，春节旅游客流增长迅猛，今后假期若能增加，这部分需求将被有效疏解，避免与刚性需求相叠加而进一步增加春运的压力。

五、供给影响因素

（一）运力供给能力

春运运力供给与需求之间的矛盾已持续多年，尤其铁路运力长期不足，一票难求现象较为普遍。改革开放以来，我国交通基础设施建设和运输服务市场化进程均取得了巨大进展，对增加运力供给，缓解春运压力发挥了重要作用。根据相关规划，我国将建成"五纵五横"综合运输大通道，到"十二五"末，综合交通运输网络总里程将达 490 万公里，基本建成国家快速铁路网和国家高速公路网，里程分别达到 4 万公里和 8.3 万公里，运输服务基本覆盖 50 万以上和 20 万以上人口城市，建成民用运输机场 230 个，80% 以上的人口在直线距离 100 公里内能够享受到航空服务，综合交通运输体系将总体适应经济社会发展和人民群众出行需要。运力供给的增加、服务范围的延伸将带动运输需求的增长，特别是民航、高铁、私家车等高端服务方式的蓬勃发展，以及随着科技发展更加现代化运输方式的出现，在有效增加春运供给能力的同时，也会诱发新的运输需求，成为未来春运市场最具潜力的增长点。

表 3.1　"十二五"时期交通基础设施发展目标

指标	单位	2015 年
综合交通网总里程	万公里	490
铁路营业里程	万公里	12
复线率	%	50
电气化率	%	60

指标	单位	2015 年
公路通车里程	万公里	450
#国家高速公路	万公里	8.3
乡镇通沥青（水泥）路率	%	98
建制村通沥青（水泥）路率	%	90
内河高等级航道里程	万公里	1.3
城市轨道交通营运里程	公里	3000
民用运输机场数	个	230

图 3.6 "十二五"国家快速和普通铁路网示意图

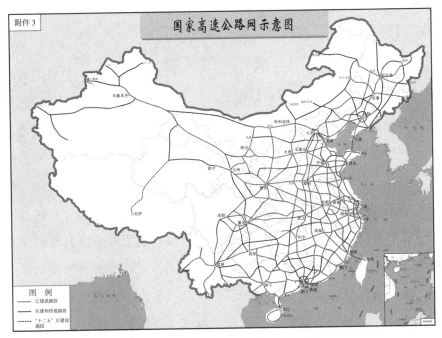

图3.7 "十二五"国家高速公路网示意图

图3.8 "十二五"民用运输机场布局和主要航线示意图

（二）运输价格

春运主要为刚性需求，价格在一定范围内的调整对需求总量的影响并不大，但各种运输方式相对价格的变化，则会对需求结构产生明显影响。我国各种运输方式的市场化程度不同，运输需求与运输价格的作用关系也不尽相同。公路、水路运输市场化程度较高，春运期间运输价格随运输需求水涨船高，价格的提高将一部分需求挤出，同时也刺激供给增加，使得供给与需求保持动态平衡。民航运输市场也已基本放开，运价采用政府指导价，具有一定浮动空间，由于受到航线开辟、航班时刻以及飞机保有量等限制，供给增加的弹性相对较小，春运期间各家航空公司即使调高或取消折扣，也能保证较高的上座率，供需也基本平衡。目前只有铁路运输市场仍未开放，运输价格受到严格管制，且常年维持较低票价，导致春运期间暴增的客流蜂拥挤向铁路，使得原本就紧张的铁路运力不堪重负。近年来，随着铁路软卧、动车等运力的增加，铁路与其他运输方式的比价关系有所调整，使运输需求结构得到优化。大部制改革后，铁路实行政企分开，为各种运输方式形成更为合理的比价关系创造了条件，春运客流也将由不同运输方式合理分担，形成最优格局，而且不同时段、不同线路、不同方向上的客流也会通过差异化的价格得到一定程度的平衡。

六、综合分析

根据上述分析，未来我国春运将受到经济、社会、文化、政策、供给等多重因素作用，对客流总量、结构、分布都将产生不同方向、不同程度的影响，如下表所示。

表 3.2　春运客流演变影响因素综合分析

影响因素		变动趋势	产生的影响				
			客流总量	影响群体	客流空间分布	客流时间分布	需求取向
经济	经济发展	保持平稳增长	增长	全部	无明显影响	无明显影响	多元化
	工业化	大力发展资本与劳动密集型产业，大型工业城市仍聚集大量人口	维持	农民工	发达与欠发达地区、大城市与中小城市、农村间客流密集	集中于节日前后	大运量、长距离、低票价
	区域经济	区域差距缩小、人口流动减少	维持或降低	农民工	减少跨区域长线客流，增加区域内短线和城乡客流	集中于节日前后	大运量、中短距、低票价
	生活水平	消费能力提升、结构升级	增加	探亲、旅游	分散于各地区和至旅游景区、城市与郊区之间客流增加	集中于节日期间	多元化、优质优价
社会	城镇化	转移人口市民化	降低	农民工、探亲	区域间客流大幅降低	缓解客流高峰	需求减少
	就业意愿	区域、大中小城市间更平衡	降低	农民工、探亲	区域间客流大幅降低	缓解客流高峰	需求减少
	人口迁移方式	举家迁移，弱化与迁出地联系	降低	农民工、探亲	区域间客流大幅降低	缓解客流高峰	需求减少
文化	传统观念	延续过年团聚传统	维持	农民工、探亲、学生	发达与欠发达地区、大城市与中小城市、农村间客流密集	集中于节日前后	大运量、长距离、多级票价
	家庭团聚方式	父母反向探亲、举家出游	维持或增加	探亲、旅游	非热点地区和相反方向或各地与景区之间客流增加	非春运时段或节日期间客流增加	多元化、优质优价

续表

影响因素		变动趋势	产生的影响				
			客流总量	影响群体	客流空间分布	客流时间分布	需求取向
政策	户籍政策	逐步放开中小城市和小城镇落户限制	降低	农民工、探亲	城乡客流大幅降低	缓解客流高峰	需求减少
	休假制度	假期增加	降低	旅游	各地至旅游景点客流降低	缓解客流高峰	需求减少
供给	运力供给能力	能力增加、方式多样	增加	全部	扩大出行范围	缩短在途时间	多元化、优质优价
	运输价格	各运输方式、不同线路、方向和时段形成合理比价关系	无明显影响	全部	平衡客流空间分布	缓解客流高峰	选择合适运输方式

第二节　春运主要旅客群体的演变趋势

一、务工客流

（一）农民工数量变化趋势

2008 年国际金融危机爆发以来，我国对外贸易受到较大冲击，以从事出口加工为主的农民工在当年出现返乡潮，虽然全年用工总量仍在增加，但增幅已降至 1.9%，此后几年，增速也始终维持在 4% 左右，比之前明显降低。目前，农民工占全国城镇就业人数的比重已达到 70% 左右，且保持多年稳定，农村就业人口绝对数量已连续 15 年下降，第一产业就业人员已从 1991 年的 3.91 亿人降至 2011 年的 2.66 亿。今后我国可向城市转移的农

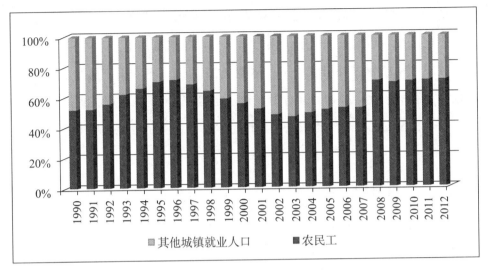

图 3.9　1990~2012 年我国农民工占城镇就业人口比重变化情况

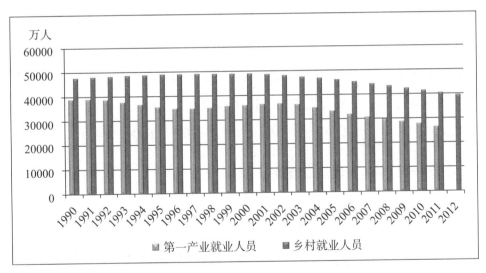

图 3.10　1990~2012 年我国第一产业和乡村就业人口变化情况

数据来源:《中国统计年鉴 2012》。

村剩余劳动力人口大约只有 4000~6000 万[1],即农民工总量能达到 3 亿多人,

---

[1] 李迅雷:《中国还有多少农村劳动力可向城市转移》,《新财富》2012年10月16日。

比当前增加 15%~20%，而农民工数量的"零增长"或许在"十三五"时期就会出现。在新增的农民工中，相当一部分将在本地就业。近两年，本地农民工数量增幅已超过外出农民工，达到 9925 万人，占农民工总数的 37.8%，根据前文经济、社会影响因素分析，这一趋势在未来一段时期还将延续。因此，未来农民工尤其是外出农民工总量增幅有限，甚至可能出现下降。

二、学生客流

（一）高校在校生数量变化趋势

近年来，随着高等学校招生规模的稳定，在校学生数量增速快速下降。目前，我国人口出生率约为 12‰，若保持这一出生率，当人口规模达到 15 亿人时，每年出生人口约为 1800 万人，未来高校的生源总量基本限定在这一数量范围内。按照发达国家 40% 左右的高等教育普及率，今后我国高校招生规模至多将在 700 万人左右，比当前难有大幅增长。因此，高校在校生数量在今后一段时期也将基本保持稳定，估算在 2600~2800 万人左右。

（二）春运学生客流演变趋势

随着高等学校在校生数量趋于稳定，今后春节前后离校与返校学生总量也将限定于这一范围，使得春运学生客流基本保持现有规模。但考虑到当前有一部分学生因家庭生活困难等原因而放弃放假回家，日后随着居民整体生活水平的提高，贫困家庭的减少，这部分学生有可能加入春运学生客流之中，但对于总量而言，这一增量十分有限。按照上述在校生规模估算，除去本地生源，未来春运学生客流大约为 6000~8000 万人次。另外，用人单位需求的变化和大学生社会实践意识的增强，将使越来越多的在校生利用假期进行专业实习或开展社会实践活动，这将使学生离校与返校时间发生变化，更加临近春节，而对于学生客流总量不会产生大的影响。

三、探亲客流

（一）人口迁徙与流动趋势

改革开放以来，我国生产要素加速自由流动，东部沿海地区凭借资源禀赋与优惠政策率先发展起来，进一步吸引了人口的迁徙与流动，形成了大量城市移民与外来人口。近 30 多年，我国人口的流动性一直在不断增强。20 世纪 90 年代以前，各地人口增速较为相近，1982~1990 年，全国人口增长了 10.8%，其中增速最快的宁夏和增速最慢的浙江分别增长了 20.6% 和 7.2%。进入 21 世纪，各地人口增速显示出巨大差异，2000~2011 年，全国人口增长了 6.3%，而北京人口却增长了 48.0%，但在贵州、广西、安徽、四川等原本生育率较高的地区，人口却出现了负增长，说明大量人口由这些地区迁出，并流入北京等地区。根据第六次全国人口普查数据，我国有流动人口[1]26139 万人，除去当年外出农民工 15335 万人，约有 1.1 亿人户分离的城市流动人口。另外，还有大量因工作、婚姻等而落户他乡的人员，虽拥有当地户籍，但与家乡的联系仍十分紧密。

表3.3　改革开放以来我国各地区人口数量增长变化情况

地区	1982~1990 年	1990~2000 年	2000~2011 年
全国	10.8%	10.9%	6.3%
北京	17.7%	25.6%	48.0%
天津	13.9%	13.2%	35.4%
河北	16.2%	8.4%	8.5%

---

① 指离开了户籍所在地到其他地方居住的人口，也被称为"国内移民"。

续表

地区	1982~1990 年	1990~2000 年	2000~2011 年
山西	14.6%	12.0%	10.7%
内蒙古	12.2%	9.7%	4.6%
辽宁	11.1%	5.5%	4.8%
吉林	10.1%	8.0%	2.5%
黑龙江	8.5%	7.5%	0.7%
上海	12.7%	20.3%	45.9%
江苏	11.8%	8.3%	7.8%
浙江	7.2%	12.3%	16.7%
安徽	14.3%	7.4%	-2.1%
福建	17.1%	12.3%	9.1%
江西	14.8%	8.9%	8.2%
山东	14.1%	5.9%	7.1%
河南	16.2%	9.7%	-1.1%
湖北	13.8%	3.8%	2.0%
湖南	13.5%	7.1%	0.5%
广东	19.1%	36.3%	21.4%
广西	17.0%	11.5%	-2.2%
海南	—	19.0%	11.2%
贵州	14.5%	14.9%	-7.6%
云南	14.6%	13.7%	9.2%
西藏	17.3%	16.2%	17.6%
陕西	14.7%	9.9%	2.7%
甘肃	15.2%	11.5%	1.9%
青海	15.0%	15.4%	9.9%
宁夏	20.6%	17.9%	15.4%
新疆	16.9%	20.9%	19.5%
川渝	8.4%	3.5%	-1.9%

数据来源：根据《中国人口统计年鉴 1990》和《中国统计年鉴 2011》中数据计算。

注：■为人口增速前五位地区，■为人口增速后五位地区

广东省 1982~1990 年数据为不包括海南岛地区的人口增速。

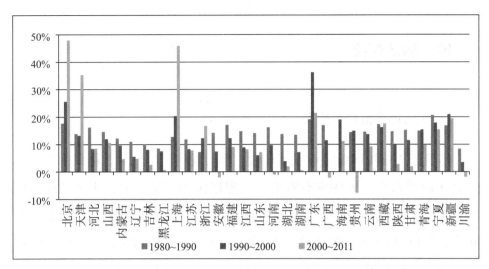

图 3.11　改革开放以来我国各地区人口数量增长变化情况

数据来源：根据《中国人口统计年鉴 1990》和《中国统计年鉴 2011》中数据计算。

（二）春运探亲客流演变趋势

　　未来，随着户籍制度的改革，人口自由迁徙与流动会更加活跃。尽管实施多年的计划生育政策使得我国家庭规模明显缩小，社会直系亲属关系越来越简单，一些独生子女移居他乡后，将父母接到本地养老，与家乡的联系变得松散，探亲需求也随之减少，但是，在相当长的一段时期内，很多人还不具备这样的条件，春节期间回乡探望父母和其他亲属的需求依然强烈。由于我国未来仍存在大量大学毕业异地就业人员和进城定居的农民工，形成较大规模的城市移民与流动人口，过年家庭团聚的文化传统根深蒂固，探亲旅客未来仍将是春运最主要的客流群体之一，或将超过务工客流，但其具体数量难以估算。

四、旅游客流

（一）国内旅游发展趋势

尽管近年来我国旅游业发展迅猛，但与发达国家相比，居民的出游率仍处于较低水平，大约只有欧美等国家居民的一半左右，未来增长空间依然巨大。2012 年伊始，国务院发布了《国民旅游休闲纲要（2013~2020年）》，提出 2020 年基本建成与小康社会相适应的现代国民旅游休闲体系，为鼓励居民出游提供了政策支持与保障。据相关预测，2020 年我国旅游产业规模将在 2012 年基础上翻一番，国内旅游人次有望超过 60 亿。届时，国民出游率将基本达到发达国家水平，游客数量增长将趋于平缓。

（二）春运旅游客流演变趋势

旅游业的快速发展诱发了庞大的客运需求，特别是春节黄金周作为我国仅有的两个法定长假之一，已成为一年中主要的旅游旺季，在此期间的旅游客运需求也日益旺盛。若今后我国休假制度能够得到完善，增加长假期和落实带薪休假，春节的旅游客流将得到一定程度的分流。尽管如此，按照未来国内游客数量达到 60 亿人次的规模考虑，春运期间的旅游人次仍有巨大增长空间，或至少达到 6~7 亿人次，据此推算春运旅游客流将大幅增长，估算超过 15 亿人次。

第三节 春运客流的发展变化趋势

一、客流总量

（一）总量规模

根据前文分析，相关影响因素对春运客流总体规模发展变化的作用既有正向的，也有负向的。总体而言，我国人口基数大，分布不均衡，流动性强，旅客运输具有庞大的需求基础，加之近年来经济社会快速发展，居民生活水平大幅提高，运输供给能力显著增强，进一步带动和刺激了客运需求的增长，因此，未来春节期间的旅客运输仍将保持较大规模，并具有一定的上升空间。但根据国家人口发展战略目标和相关预测，我国人口峰值即将到达，约为 15 亿人左右，比当前增长 10%，并且考虑到今后区域经济更加平衡发展、人口城镇化的切实推进以及就业地域分布的变化，城市移民与流动人口的数量将趋于稳定，甚至在远期逐步减少，因此，春运客流总量也不会无限增长。目前，春运与平日的客流量已十分接近，2012 年春运高峰月的日均客流量为 10888 万人，仅比平日客流增长了约 5.6%，而近年来我国客运量年均增速为 7~8%，即客运量的趋势性增长幅度已超过春运周期性增长幅度，因此，从总量而言，春运的日均客流规模在 1~2 年内就成为平日的客流量水平，如下图所示。预计未来，春运与平日客流将更加接近。根据《"十二五"综合交通运输体系规划》，2015 年我国全社会客运量将达到 470 亿人次，日均 12877 万人次，据此推算，届时春运高峰月的客流量或将达到 37 亿人次左右，大约比当前增加 15%。

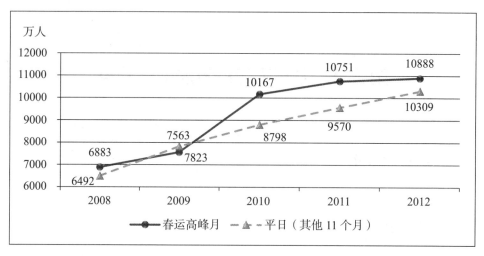

图 3.12 2008~2012 年我国春运期间与平日日均客流量对比

（二）增长速度

近年来，我国春运与平日客流增长速度基本持平，但最近两年春运客流增速有所放缓，2011 与 2012 年春运高峰月日均客流量分别增长了 5.7% 和 1.3%，而同期全年日均客流量分别增长了 8.5% 和 7.2%。从长期趋势来看，春运客流增长速度再次大幅上升的可能性并不大，或将保持与平日客流相同甚至更低的增速。

二、客流结构

（一）旅客群体结构

今后一段时期，春运仍将以务工、学生、探亲、旅游四大客流为主。其中，务工与学生客流规模将随着农民工与在校大学生数量增长放缓而趋于稳定，不再大幅增长，在春运客流中的比例还将逐渐缩小。探亲客流规模将进一步增长，而且随着农民工市民化进程的推进，还将有一部分务工客流转为探亲客流，另外，父母由家乡到儿女所在城市的逆向探亲客流将会成为一个新的增长趋势。旅游客流增长空间广阔，长途与短途客流量都将有较大幅度的提升。总之，春运旅客群体的结构变化趋势为刚性需求增长放缓，非刚性需求增长迅速，基本需求趋于稳定，高端、异质性需求日益旺盛。

（二）时空分布结构

春运客流时空不平衡状况在短期内不会明显改观，但随着未来务工客流、学生客流相对数量的减少，当前的热点地区、热点线路将逐步降温。探亲客流也具有较强的时空不平衡性，但今后就业岗位在大中小城市之间的协调分布有望改变围绕大城市、特大城市长途探亲客流过度集中的状况，中小城市之间的中短途客流将有一定程度的增长。另外，逆向探亲客流的增长将使春运客流在方向上更加平衡，时间上更加均衡。旅游客流在时间、空间上的分布与其他客流具有较大的差异性，空间上相对均衡，且以中短途为主，时间上主要集中在春节黄金周期间，恰好是其他客流相对较少的时间段。因此，旅游客流的大幅增长不会使春运压力明显增加，而是使客流更加平衡，运力利用效率显著提高。总之，春运客流的时空分布结构将向着更加均衡的方向发展，长途客流、单向客流有望减少，客流峰谷的差距也有望缩小。

（三）运输方式结构

近年来，铁路在旅客运输中的比例逐年下降，而春运期间这一趋势更加明显，显示出铁路运力的高度紧张状况。在此背景下，春运比平日增加的客流主要由公路承担，这也使得公路在春运期间的客流高峰也最为突出，但春运增加的主要是长途客流需求，这种分工显然是不合理的。从长期趋势来看，春运的平均运距逐年缩短，长距离运输需求有所减少，中短距离运输需求增长较快，并且务工客流、学生客流比重逐渐降低，旅游客流比重大幅攀升。这些演变趋势能够使其他运输方式在春运期间承担更多的客运量，有效缓解铁路运输的压力，但同时对运输服务的便捷性、舒适性等要求将明显提升，对票价的承受能力也将相应提高。而且，随着人们生活水平的改善，高速铁路、私家车等运输方式被越来越广泛的旅客群体所接受和选择，对普通铁路的刚性需求增长也将逐渐放缓并稳步回落，供需矛盾有望得到较大程度的缓解。

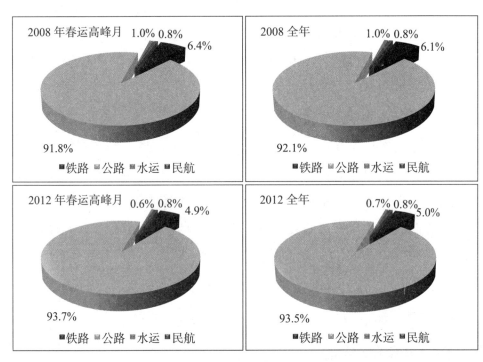

图 3.13　春运与平时旅客运输结构对比及发展变化情况

三、趋势特点

与历史客流相比，未来春运客流将呈现出一些新的趋势特点。随着务工客流、学生客流的逐渐减少，探亲客流格局的改变，以及旅游客流的大幅增加，今后一段时期，春运在特定方式、特定线路、特定方向和特定时点上的刚性需求将明显降低，与此同时，需求层次更加丰富，区域、城际、城乡、城市客流将出现不同变化趋势。过去热点区域间的客流将有所减少，但往返旅游景区将形成一批新的热点区域；城际客流大幅增加，尤其是在我国东部沿海地区发展较成熟的城市群和中西部地区正在形成的城市群内，以探亲访友、休闲旅游为主的客流将快速上升；城乡之间的客流也将较快增长，特别是随着农民工返乡就业趋势日渐明朗，中西部地区围绕中心城市的城乡客流增长更快；伴随越来越多的城市流动人口转为市民，春运期间的城市客流也会有一定程度的增长，这一趋势在中小城市尤为明显，但在大型和特大型城市，在春运期间人口仍以净流出为主，客流相比于平时则处于相对缓和状态。

第四章 春运组织管理的工作思路

根据前文分析，"春运"这一融合着经济、社会、文化、历史多重因素的复杂现象，在相对长的一段时期内不会在我国消失，但是由于外部经济社会环境的变化和交通运输业自身的发展，可能呈现出不同于以往的演变趋势，特别是在出行方式结构、旅客群体、时间分布和空间形态上发生了明显改变，因此，对春运组织管理工作也提出了新的要求。当前，我国交通基础设施发展水平和运输服务供给能力较以往已有了较大幅度的提升，为优化春运组织管理工作奠定了基础，也创造了条件。今后，春运组织管理应改变在过去"能力严重不足"背景下"特事特办"的被动式工作方法，从春运问题产生的根源入手，着眼于行业长远发展，构建系统化、综合性的工作思路，把握规律，主动顺应，改革创新，政府市场双管齐下，供给需求双向调节，在有效解决一年一度春运问题的同时，更好适应和满足我国快速增长和日益多元化的旅客运输需求。

第一节　基本原则

一、安全可靠

安全问题是春运的关键问题，要牢固树立"以人为本、安全第一、预防为主"的理念，强化监管，保证运输安全，落实安全生产责任制，强化运输安全"一岗双责"，重视监督检查和隐患排查，遏制重特大交通安全事故，同时要强化应急保障能力，形成应急保障协调和运行机制，相关部门要妥善制定和完善春运应急预案，做好应急准备，全面提高春运的安全性、可靠性和应对自然灾害、突发事件的保障能力。

二、能力提升

根据春运的实际需求和特点，多途径、多渠道地提升运输服务和保障能力。一方面，着力提升运力总量水平，在重点、热点地区增加车船开行数量和航班班次，努力满足旅客出行需要。另一方面，有效提升运输服务水平，采取切实有效措施，提高服务质量，完善各类信息共享与发布渠道，方便广大旅客购票和出行，努力提高车、船、航班准点率，并通过营造文明温馨的出行环境，为旅客出行创造更好条件。

三、合理分工

一是强化运输方式间的合理分工，以提升运输能力为核心，立足各种运输方式的自身特点，优化运输结构，加强铁路、公路以及民航等分工协作，充分发挥各种运输方式的比较优势，特别要强化高铁、普铁之间的分工协作，有效发挥高速铁路运能大、速度快、便捷化等优势。同时要进一步重视并有效发挥私家车及其他私人交通的积极作用，通过公共交通方式之间、公共交通与私人交通之间的合理分工，更好地满足人们的出行需要。二是强化区域间的合理分工，根据春运区域不平衡性等特点，因地制宜，合理配置运力资源，加强"冷"、"热"区域间运力的暂时性互补调整，保障重点、热点区域的运输服务供给能力与水平，更好地支撑春运期间人员在区域间、城市间、城乡间、城市内的便捷高效流动。

四、强化衔接

一是加强部门之间的组织衔接，以提高春运服务保障能力为重点，加强组织领导，由各地专门成立的春运工作领导机构全面负责本地区的春运工作，按照"以客为主、科学组织、协调配合"要求，制定合理工作方案，抓好组织协调。二是加强不同运输方式间的衔接，特别是要强化综合交通枢纽的衔接功能，按照"零距离换乘、无缝化衔接"的要求，加强不同方式之间以及运输方式内部的换乘衔接，提升一体化服务能力与水平。三是加强基础设施与技术装备、运输管理与服务等之间的衔接配套，在强化硬件设施物理衔接的同时，突出服务、组织、管理等方面的软件衔接，重视现代信息技术与管理组织技术等应用，全面提升客流、车流等信息及时获取能力和不同部门、不同区域、不同方式间的共用共享水平，将发展重点着眼于运输服务能力、效率水平与服务质量提升方面。

五、集约高效

一方面，通过切实有效的方法与手段，整合设施、运力、人力、信息等相关资源，全面提升运输服务的整体效率，有效拓展增量水平，充分挖掘既有存量潜力；另一方面，切实落实资源节约、环境友好的可持续发展要求，推进绿色春运系统建设，在春运全过程、各环节，强化节约利用资源能源，提高资源能源效率，努力降低春运期间交通运输污染物排放、温室气体排放以及其他负面影响。

图 4.1　春运组织管理基本原则

六、改革创新

着力深化改革，积极创新，进一步完善政府运输监管，根据春运的发展规律和客观要求，以综合效能最大化为目标，建立充分发挥政府和市场各自职能的高效春运管理体制和协调机制。顺应现代生产生活方式的变革方向，适应旅客出行行为的变化趋势，依托现代信息技术与管理手段，推进科技进步和管理创新，特别是通过技术创新、组织创新、管理创新、服务创新、模式创新、机制创新等，全面提升春运服务保障能力与水平。

第二节　总体思路

根据春运的客观现实情况及未来发展趋势，组织管理要重点围绕"一个中心、两个转变、三个统筹、四个重点、五个协调"的基本思路开展相关工作。

一、一个中心

"一个中心"，即要以"适应多元化需求"为中心。春运的组织管理要立足国情实际，遵循客流演变规律和新时期春运特点，围绕服务供给有效适应多元化的春运需求这一个中心，经济、高效地配置各类资源，进一步提升春运组织管理水平。

适应多元化需求的重点是"有效适应"，即以"适应"为目标，但前提是"有效"。在"适应"方面，既要适应既有的运输需求，也要适应新时期、新阶段产生的新的运输需求。具体而言，一方面，要通过增加运力以及各种运输方式的合理分工和衔接优化等，全面提高运输总量保障能力，也要通过创新服务理念和增强服务意识，以及广泛应用先进技术、组织和管理手段等，提升运输服务效率和水平，更好地满足春运期间旅客便捷、舒适、灵活、可靠等多元化运输需求。在"有效"方面，是指运输服务供给不能盲目的、全盘的、被动的适应春运期间的所有需求，而是应尽可能积极主动的、以最合适的方式满足刚性需求，并通过适当的途径科学引导和分流非刚性需求，以有限的资源形成运输供给与运输需求之间的高效耦合、有效适应。

二、两个转变

"两个转变"，即根据我国经济社会发展提出的新要求以及春运自身发展趋势，切实推进春运组织管理工作，由以增加运力、强化供给保障为主向供给端"增效提质"和需求端"有效引导"并重转变，由针对组织过程的被动式"特事特办"向针对源头的长效化、系统性管理转变。

一方面，未来我国春运规模还将进一步扩大，与此同时，由于经济社会发展水平的提高和客流群体结构的改变，旅客对于春运的安全性、时效性、舒适性、经济性等方面的要求越来越高。在我国运输服务供给能力不断提高的背景下，今后春运受到的运力短缺约束有望得到缓解，春运组织管理也能从全力保障运输服务供给规模的紧迫要求中解脱出来，转向更加重视服务品质和效率，改变过去过度追求运力提高而降低服务质量与水平的状况，既解决"走的了"，又实现"走的好"。

另一方面，历年春运都给交通运输乃至经济社会其他方面提出了严峻考验，在满足这一需求的同时，也动用了大量的社会资源，产生了诸多可见和不可见的社会成本。客流在短时期内高度聚集、峰谷交错剧烈波动、出行方向极不平衡的状况也给交通运输组织带来了重重困难，严重降低了运输效率，影响了服务水平。由于过去春运客流中刚性需求比例较高，只能通过供给匹配被动满足需求。今后，随着客流结构的改变，刚性需求占比和总量都将逐步降低，为春运组织管理工作采用新的手段创造了条件。因此，春运组织管理要转变过去重点关注供给端运输保障的传统思路，转变传统的被动式"特事特办"的过程化管理理念，在继续强化供给保障能力的同时，协同社会各方力量，解决经济、社会、文化、制度等春运需求产生的源头问题，通过加强宣传、完善组织、增加选择、市场调节等手段，多措并举对需求进行引导，并建立长效化、系统化的春运组织管理制度，实现供给与需求双向匹配，过程与源头双管并重，应急与长效双措并举。

三、三个统筹

"三个统筹"，即在春运运输服务能力供给层面，通过制度保障、规划先行、资源共享和管理创新，统筹兼顾交通基础设施、运输技术装备与运输服务三方面的协调、综合发展。

从逻辑关系上看，交通基础设施空间布局与衔接、运输技术装备更新与改造是运输服务供给的先决条件和重要基础，而运输服务供给又是交通基础设施布局优化、运输技术装备更新改造的根本目标和最终成果体现，三者只有真正实现彼此间的相互协调和有机匹配，才能切实提高春运运输保障的总体能力、效率水平和服务品质。

近年来，随着我国经济社会的快速发展，交通基础设施建设步伐明显加快，整体面貌大幅改善。随着高速铁路的大力发展，铁路整体水平有了显著提高，对于弥补春运期间铁路短板发挥了重要作用；国家高速公路基本成网，为人们出行提供了有力保障和更多选择，特别对于私人小汽车的迅猛发展提供了重要支持；民航机场数量快速增加，满足了越来越多旅客对中长距离出行时效性、舒适性的较高要求，近年来在春运中的作用也日益提升。

与此同时，我国运输技术与装备水平也有了大幅提升。但相比基础设施而言，部分领域装备、技术等与基础设施的匹配程度还稍显欠缺，比如，高速铁路动车组数量、机场空管控制水平、信息化诱导等方面还存在一定的问题，在一定程度上影响着运输服务的整体能力和水平。

但更为突出的，则是运输服务等"软件"与基础设施、技术装备等"硬件"之间差距显著。近年来，我国在运输服务方面加大了关注与投入，特别是铁路方面，采取了一系列举措提升服务能力，也取得了初步成效。但客观而言，无论是整体服务理念和意识，还是现代运输组织手段、票制票价体系、运输企业经营管理水平、行业整体竞争力等，都明显滞后于已较为先进的基础设施和技术装备，极大地影响着运输服务的总体能力、效率水平与服务质量。对我国春运而言，在继续完善基础设施布局建设和推进装备技术研发应用的同时，当务之急是要狠抓运输服务，着力提升服务水平，这一服务既包括公共交通运输的服务供给，也包括对私人交通的服务保障，这是对运输服务整体理念、制度构建、政策保障等的系统性设计和实践。

四、四个重点

"四个重点"，即在我国综合交通运输体系建设的新思路、新格局下，围绕未来春运发展的新趋势、新特点，重点加强区域、城际、城乡、城市四个领域的春运运输服务和组织管理。

（一）区际方面

春运期间，区域之间的旅客运输以铁路为骨干，重点保障务工、学生、探亲客流的运输服务供给，并在客流低谷时段和冷门线路、方向上以差别价格、完善服务等手段吸引客流，提高运输效率；针对旅游客流快速增长趋势，充分发挥民航、高速铁路的作用；公路运输既要承担区域间客流的长途运输任务，还要为其他运输方式做好接驳运输，并且除了在日常客流中发挥主导性作用，还要加强应急保障能力建设，形成灵活机动的供给能力，以应对未来区域之间春运客流的多重变化。

（二）城际方面

城际旅客运输将是未来春运市场扩张最快的领域。随着我国城市群及主要城镇化地区快速发展，城市群内城际间旅客流动日益频繁。随着中东部地区城际铁路快速发展，这些地区越来越多的春运城际客流将由轨道交通承担，由于客流密集，且持续时间长，做好旅客引导与接驳是未来春运组织管理工作的重点；同时国家公路网日臻完善，传统的中长途汽车客运在城际春运中仍将发挥重要作用，与此同时，私家车在城市群内不同城市之间探亲、旅游客流中的运输量将快速增加，相关服务、管理与保障措施亟待跟进。另外，近年来，租车、拼车、包车等新兴服务方式在城际间的春运中也呈现快速发展势头，相关部门对此要予以重视，给予有效地引导和服务保障。

（三）城乡方面

城乡旅客运输即包括城市与农村之间，也包括中心城与卫星城、郊区县之间的旅客运输。对于大城市，这部分客流将由轨道交通和公路共同承担，对于中小城市，则主要由公路承担相关旅客运输任务，私家车在这一领域的作用也十分突出。春运期间，中心城市与周边地区之间返乡、探亲、旅游等多重客流叠加，规模大、频率高，应引导旅客充分利用公共交通方式，提高轨道交通、客运车辆发车密度并加强安全保障，同时利用现代信息化、智能化技术手段，及时掌握、预测、监测和发布路况、运力及需求信息，做好主干道路的车流疏导工作以及运力的衔接与组织协调。

（四）城市方面

春运中的城市旅客运输主要由城市交通系统保障，对于春运组织管理而言，重点是做好城市交通与对外交通的衔接工作，充分发挥综合客运枢纽在内外交通衔接以及旅客中转换乘中的积极作用，按照"零距离换乘、无缝化衔接"的要求，强化枢纽与通道、枢纽与枢纽之间设施、设备、运力、信息等的有机衔接与协调组织，使旅客能够方便快捷的到达车站、码头、机场等交通枢纽，同时，使通过铁路、公路、水运、民航等各种运输方式进入城市的客流能够快速的疏解并抵达目的地。

五、五个协调

"五个协调"，即要通过方式协调、部门协调、政市协调、资源协调和内外协调，提升春运服务供给能力与效率水平，更好地满足春运需求。

（一）方式协调

即按照综合运输的发展理念，发挥各种运输方式的技术经济优势，通过政府引导、市场主导的调节手段，完善运输结构，优化分工协作，强化衔接换乘，促进铁路、公路、民航、水运等运输方式协调发展。

以往春运客流结构、需求都相对单一，务工、学生客流集中，跨区域、长距离运输需求旺盛。今后，随着客流群体的多元化、运输需求的分层化，各种运输方式均能寻找到合适的市场空间，形成合理分工。

——普通铁路仍将以满足长大干线上的务工、学生、探亲等客流需求为主。

——高速铁路与民航将在长距离、高端化运输市场中发挥主导作用，特别是为旅游客流提供可靠的多重服务保障。

——水运在有条件的地区起到市场补充作用，并能为旅游客流提供异质性服务。

——公路在中短距离和铁路服务尚未覆盖地区的运输服务中占据主导地位，同时对其他运输方式的接驳运输发挥着难以替代的作用。

——私人机动化运输将成为春运中发展潜力巨大的一种运输方式，特别是探亲、旅游客流有望在这一领域形成快速增长。这里的私人机动化，既包括传统意义的私家车，也包括租车、拼车、包车等新兴运输服务方式。

专栏4.1

各种运输方式技术经济优势

由于不同运输方式自身技术经济特性各不相同，使得每种运输方式都有着各自显著的优势领域，但是这一优势不是一成不变的，随着经济的发展和技术的进步，不同运输方式优势领域的范围空间也在不断的变化，例如，高速铁路的出现极大地提高了铁路的运行速度，使得铁路客运优势范围扩大至800~1000公里，甚至以上。

表　各种运输方式在客运领域的技术经济优势

方式	显著特点	优势领域
铁路	大能力、低成本、全天候	跨区域、城际间大规模旅客运输等
高速铁路	大能力、高速度、便捷化	跨区域、城际间大规模旅客运输等
公路	机动灵活、门到门	中等客流规模的中短途旅客运输、集散运输、门到门运输等
水路	大能力、低成本、低能耗	时效要求低、票价敏感的旅客运输
航空	高速度	跨区域长距离、时效性和舒适性要求高的旅客运输

资料来源：胡思继：《综合运输工程学》，清华大学出版社，北京交通大学出版社2006版。

（二）部门协调

即强化春运组织管理所涉及的所有部门之间的相互协调，包括发展改革、交通、铁道、民航、安监、公安、气象等中央部委以及地方相关部门，建立行之有效的各行业部门之间、中央与地方之间、地方与地方之间等系统的春运协调组织管理机制，按照"以人为本"、协调高效的宗旨，保障春运的平稳、顺利完成。

（三）政市协调

即政府与市场的协调，要在春运需求结构逐渐发生变化的背景下，合理划分政府与市场各自职能，既充分发挥政府在宏观调控、提供公共运输服务、加强市场监管等方面的重要作用，也要有效发挥市场机制在优化资源配置方面的积极作用，要明确二者的职责定位与具体分工，着力提升运输服务供给保障能力，并实现对需求的合理引导与有效控制。其中，在市场方面，重点任务是通过有序市场的构建，充分发挥运输企业作为服务主体的能动性作用，依托运输企业为春运提供有力的运输服务供给保障，特别是对个性化服务提供有效的服务供给。此外，相关部门也要尊重市场规律，重视私人交通在春运中的合理作用及其产生的多方面影响，通过法制化、制度化措施，及时、主动地予以规范和有序引导，并提供有效的服务保障。

（四）资源协调

即在春运的组织管理中，加强不同地区、不同行业、不同部门之间所掌控的资源之间的共享与协调，其中，最主要的是运力资源和信息资源。通过资源协调，实现对运力、信息等关键要素的全局整合能力，提高春运的组织效率和服务水平，同时，使春运中实时出现的情况与变化能够及时得到应对，保障春运工作的顺利开展。

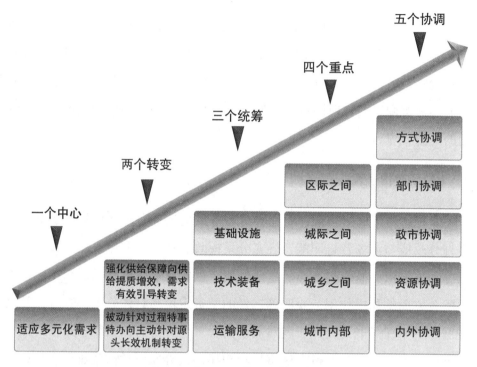

图 4.2　春运组织管理的基本思路

（五）内外协调

即在保障春运的过程中，要实现交通运输自身与外部环境之间的协调发展。内外协调一方面指交通运输与经济社会之间的协调，即要按照经济社会发展的客观实际，合理的配置运输服务供给资源，既在能力上和质量上更好地适应春运的客观需求，又不影响经济社会的正常运行秩序；另一方面是交通运输与资源环境等之间的协调发展，要切实贯彻落实科学发展观，按照可持续发展的要求，根据"美丽中国"的建设需要，全面推进春运服务保障的绿色化和低碳化，加强春运全过程、各环节的资源节约和环境保护。

第五章　完善春运工作的政策建议

第一节　未来春运组织管理的政策方向

一、增加和优化供给

由于春运客流总量规模还将伴随我国经济社会的发展而稳步增长，春运的客流高峰也会在今后一段时期每年如期而至，因此，未来进行春运组织管理的主导方向和首要任务仍然是尽可能增加春运期间的运力供给，保证各种运力在特定时间节点上的投放。同时，通过体制与机制以及相关技术的完善，以跨区域、跨运输方式和跨企业之间的运力整合与优化为方向，以技术手段、组织手段等提升单体运输效率，以管理手段提升系统运输效率，以运输效率的有效提升带动运力规模的提升优化，从"增量供给"和"存量挖潜"两个层面上，实现整体运输能力的增加。上述任务的主要承担者仍然是运输领域的管理部门与企业。

同时，由于春运客流在特定时间段高度密集，在不同方向上极不均衡，完全按照春运客流峰值和单向流量来匹配运力，势必造成极大浪费。因此，更多还应通过强化部门间、地区间的协调合作，实现各种运输方式间的合理分工与优势互补，以重点运输方式优先满足和保障热点地区、热门线路、主要方向上的刚性需求。同时，在高峰时段加大公路运输等在时间、空间上弹性较大的运输方式供给力度，并在保障运输安全和不扰乱市场秩序等基本前提下，研究探索积极调动企业运力资源参与春运时期运输服务的措施。此外，着力加强运输服务供给模式创新和运输市场监管，合理利用租车、包车等新兴服务模式，尝试为私人小汽车等交通方式以自驾、拼车等灵活多样的形式暂时承担春运功能提供保障和搭建平台，以多种途径全面增加和优化运力供给。

二、引导与调控需求

多年的实践经验表明，春运期间的运输任务实际上是有限的固定性供给与无限的变动性需求之间矛盾的综合产物，两者之间具有相互作用的变动关系。由于受到效率、规模和成本等限制，通过运力的无节制或极限发展不仅不可能满足变化的需求，反而会在特定时间和节点上刺激需求的上涨，甚至会形成局部或特定运输方式需求的爆发式增长，进一步加大对运力供给的整体压力。因此，破解春运难题更加需要从需求本源入手，采用政府管理、制度安排和市场手段等多种措施，引导、调整以及控制需求的规模、方向、分布与结构。这一任务已不单纯是运输领域的职责，而是交通运输行业与经济社会、城市管理者共同面对的任务，其协调层面将进一步扩展，难度与复杂程度也将进一步上升，但却已经是无法回避的现实要求。具体而言：

（一）在宏观层面促进区域经济社会协调发展

着眼于宏观层面的经济社会宏观发展，优化调整国家生产力布局，提升社会保障能力，促进区域协调发展和社会文明进步。首先，通过产业在东中西部、发达与欠发达地区有序转移，为欠发达地区提供更多支持和优惠条件，吸引投资和人才创业，给当地富余劳动力创造更多就业机会，从而使春运客流流量、流向更加趋向均衡。其次，在城镇化快速发展的大背景下，积极推动户籍制度改革，加快推进"农民工市民化"和人口自由流动，使各类转移人口成为就业地的居民，享有公平的社会保障权益，并具备与家人共同生活的经济条件，从而加大城市的包容性和吸引力，从根本上减少春运期间人口流动的刚性需求。最后，努力为城市外来人口就地"安家"过年营造温暖祥和的社会氛围，并创造妥善的安置条件，从而将春运中的游移群体（即可走可留）容纳于所在城市。

（二）在社会制度安排与保障上有所突破

切实推进和落实带薪休假制度，有效分流春节期间的探亲和旅游客流。研究高等学校寒假错峰放假和开学、务工人员错峰放假和上班的制度及具体办法，鼓励有条件的单位实施灵活的错峰放假安排，避免客流在特定时段内的过度集中，缓解春运的运力紧张状况。

（三）强化交通供给层面对运输需求的积极引导

一是通过有效的市场手段，特别是价格手段，对春运市场进行需求识别与市场细分，在不同区域、不同线路、不同方向、不同运输方式以及各种运输方式内部形成需求分流，使各种运输方式能够共同合理分担客流。二是合理利用政策以及其他手段，通过运输供给方式、方向、能力等调整，引导春运期间运输需求的合理分布。三是充分利用现代信息技术手段，通过各类信息平台，整合需求信息资源，准确把握需求特征和变化特点，加强信息互联互通互享，适度超前配置运输资源，实施有效地需求侧管理。

三、系统建设与融合

所谓系统建设，就是不仅仅立足交通运输行业，而是从经济社会大系统角度，根据春运的本质特征和需求特点，强化产业、城镇、人口、就业、交通等子系统建设以及各子系统相互之间的融合联动。当前我国正处于经济社会转型升级的重要时期，经济地理形态特别是生产力布局尚未完成，城镇化加快推进，人口就业及社会保障体系也在不断完善，因此，未来一个时期既有的经济格局、社会形态未必会完全保持，春运需求也会着经济社会格局的调整而变化。从这个意义上说，以全局、整体的视野，统筹产业、城镇、交通系统等融合发展，加强不同子系统之间的协调和互动，对于从根本上有效解决春运问题意义重大。

具体在交通子系统中，既要加强设施、设备等"硬件"系统的建设，也要加强服务、管理等"软件"系统的建设，强化"硬件"系统与"软件"系统以及"硬件"系统、"软件"系统内部各子系统的融合和互动，全面提升运输服务整体效率和水平。要特别重视信息系统的建设，加强和完善对于当前春运期间相关需求变化、服务运行与处置方法等实际情况的收集、整理、分析、总结工作，这将成为下一轮春运工作和各地应急方案完善的重要支撑和参照。加强交通运输信息化、智能化建设，建立系统化的春运情况与信息管理系统，并辅以相应的制度化安排，实现春运运力、票务、管理协调等各方面信息的有效积累与系统梳理，促进信息共享与系统联动，使其成为未来工作的重要支撑，也为可能出现的情况变化提供有效的应急保障。

四、强化协调与联动

春运与我国自然地理形态、传统文化和人口布局之间的内在联系紧密而复杂。从我国春运实际来看，铁路和公路历来都是春运工作最重要的运输方式，而水运与航空在春运中所担负的任务，由于地理条件和市场因素等影响，较前两种运输方式显得相对和缓，但也承担了相当的运量。随着春运需求结构的进一步复杂和细化，需求多样化与差异化趋势也将越来越明显，任何一种运输方式都难以单独承担需求变化带来的压力。

因此，各种运输方式之间、各主要到发地城市之间的协调和联动将变得越来越重要，这种协调和联动的核心是提升运输系统的整体服务能力与运行效率，尽可能以有限力量满足更多需求。其形式既包括各种运输方式内部的技术升级、组织协调以及管理优化，也包含了以联程联运为代表的不同运输方式之间的一体衔接，还包括了到发地城市整体系统与运输系统的互动与支持。这将是未来春运工作在战略层面予以重视的主要问题。

五、兼顾公平和效率

在目前及未来总体资源有限的现实条件下，社会发展带来的需求结构的复杂程度与差异化程度将日益加大，而总体需求的庞大规模使得其中每个特定需求群体的数量均不可小视，因此依靠建立在运能效率与运输成本基础上的运力供给，很难从根本上与多样化需求完全耦合。也不能指望其在一夜之间解决运能效率最大化与社会承受能力（即所谓效率与公平）之间的矛盾，对于这样一个没有最佳解或者说具有无穷解的问题，不可能满足每个人的需求，任何解决方案的出台都要做好"骂声一片"的准备。

应当承认，解决春运需求与供给、公平与效率之间的问题言之不易，行之更难，因此两者间的妥协与调整不仅是一个必然的途径，同时也是一个动态的变化过程，最终还要依靠国家经济发展、人民生活水平提高、运输供给能力增强以及社会形态与人口聚集形态的共同进步而最终得到解决。目前及未来一个时期，在春运工作上的公平与效率问题实际上是一个不断调整、试错、应变和再调整的循环过程，在这个过程中不断积累力量与经验，不断提升供给与需求之间在效率与公平层面上的融合度。

第二节　近期优化春运组织管理的措施建议

一、加强和完善春运的组织领导

（一）进一步提高对春运问题长期性、复杂性、重要性的认识

尽管随着经济社会发展、交通运输供给能力提升，春运形势会有所变化。但就我国实际来看，春运问题特别是供需不均衡矛盾在短期内不会得到根本性改变，无论是旅客出行规模总量和多样性要求，还是重点物资运输保障要求，都将会进一步提升。要求各有关部门，特别是春运工作领导机构，充分认识每一年度春运工作的重要性、艰巨性和复杂性，提高思想认识，认真组织协调，提前准备，提前部署，提前保障。

（二）完善春运领导机构

按照日常化、常态化发展趋势和要求，完善和健全春运领导组织机构。中央层面，继续完善由国家宏观经济管理部门和其他相关部门共同组成的领导机构和制度框架。各地方要建立由政府主管领导牵头的春运工作领导机构，全面负责本地区春运工作。承担领导机构日常工作的部门（如：春运办公室等），要会同有关部门统筹制定春运工作方案，加强日常监测分析和需求判断，及时掌握动态信息和变化趋势，协调处理跨区域、跨部门的突出问题，协同处置突发事件。每年春运工作结束后，要认真进行总

结，并形成常态化制度安排。

（三）建立健全部门区域协调联动机制

在中央层面，进一步完善由相关部委组成的春运工作协调机制，定期会商研判形势，协调解决突出问题。进一步强化部门与地方、地方与地方之间的跨部门、跨区域、跨领域的工作协调机制，形成工作合力，加强对于重点地区、重大问题、重要事件的协调处置和应急保障能力。

二、着力增强春运运力供给能力

（一）稳步扩大传统运力规模

按照适度超前的原则，稳步扩大基础设施和运输装备规模，优化设施网络布局，着力增加运输供给总体能力。一是提升铁路网络规模，增强铁路运输能力，加快高速铁路、城际铁路发展，充分利用高铁资源，满足跨区域、城际间客流快速增长的需要。同时，在春运期间，要尽量增加既有线路普通列车数量，满足旅客差异化乘车需求。二是增加道路交通运力。要在满足安全要求的前提下，扩大长途客运接驳运输试点范围，保证道路长途旅客需要。同时，统筹中、短途运力调配，确保满足区域旅客转乘的需求。三是扩大民航运输服务能力，有效保障春运时期运输需要。四是提升城市交通保障能力，特别是大型枢纽城市交通运力水平，强化与对外交通的衔接配合。

（二）有效整合现有运力资源

经过多年的发展，我国交通运输整体运力规模和运输能力已经大幅提升，形成了良好的存量基础，要强化既有运力资源优化整合，充分挖掘既有运输资源潜力，加强运输组织，科学调配运力，合理安排车、船、飞机班次时间与空间分布，在务工人员和大专院校集中的地区要组织开行学生和务工人员专列和包车，努力满足旅客出行需要。铁路企业要利用好新开通的高速铁路，加强宣传引导，做好服务保障，争取用好用满能力。

（三）充分利用社会运力资源

春运客流是非常态性客流，必须建立具有充分供给弹性的运输服务系统，才能既满足短期需求，又保证资源利用效率。在我国高速公路网络日益完善和私人机动化快速发展的背景下，应探索利用个体交通资源满足春运需求的有效途径。比如，在完善相关制度措施、加强监管和保障安全的前提下，尝试建立春运期间私家车租赁或"拼车"平台，以加大运力供给的灵活性，并降低节前节后客流方向上的不平衡性。同时，各级运管部门应对当地企事业单位、大专院校的非营运客车进行摸底调查、备案，根据春运期间的突发客流情况，在应急运力不足时，委托特定企业以期租等方式组织这部分运力立即投入春运，并将上述措施整合进入应急预案。

（四）促进各种运输方式合理分工与有机衔接

通过使各种运输方式形成合理的比价关系、改善票制与运输组织和加强方式间的衔接，促进各种运输方式在春运中的合理分工。铁路以大站快车的方式，主要承担干线上的中长距离运输，公路以中短途和接驳运输为主，民航提高准点率和强化运输衔接以吸引中高收入旅客群体，水运在特定区域充分发挥作用。充分发挥综合客运枢纽的衔接作用，在重要铁路车站、长途汽车站、机场、码头等开辟春运临时衔接区域，并加强信息引导，帮助旅客在不同运输方式之间中转换乘。推行各种方式联程运输一票制，并适当优惠，以鼓励换乘。另外，针对旅客对出行舒适性、便捷性等要求不断提高，充分发挥高速铁路、私家车等在春运中的积极作用。强化城市内外交通衔接，特别是重点城市要加大城市公交运力配置力度，加大班次，延长运行时间，及时集疏运旅客，重点安排好高铁车站和夜间的公交运力。

（五）优化客货运输组织与协调

在充分准确把握以往春运旅客和货物运输趋势特征的基础上，科学预测未来春运需求变化特点，提前制定合理的运输方案，统筹安排运力资源。研判未来春运客流区域分布特点，据此确定春运工作重点地区，加强重点地区运输组织工作，对客流量较大的地区和线路，要提前调配运力，加密车、船、飞机班次。在学生、务工人员相对集中的地区，要组织专列、包车、包船或包机运输。加强农村道路运力投入，满足乡镇群众节日出行需求。加强热点地区和旅游城市的运输组织。合理安排货物运输，充分利用好春运前和节日期间客流低谷时段，采取突击抢运等措施，增加重要物资运输，保证正常的生产生活需要。

专栏5-1

近期我国春运客流较为集中的重点地区

城市群或地区：长江三角洲、珠江三角洲、京津冀地区、成渝地区等。
省（区、直辖市）：北京、上海、江苏、浙江、安徽、湖南、广东、重庆、四川等。
地级市：郑州、武汉、成都、南昌、合肥、阜阳等。

三、引导春运客流相对均衡分布

（一）做好学生错时错峰出行

在高校集中地区和外地生源占比较高的地区组织开展错时放假工作，错开同城高校的放假和返校报到时间，尽量避免形成学生客流高峰。完善铁路、公路学生团体票制度，方便学生提前订票。通过优先办理学生票等措施，引导学生避开高峰时段，避免与务工客流叠加。

（二）引导务工人员有序返乡返城

在珠三角、长三角、京津冀等用工比较集中的地区，协调企业相互错开放假时间，同时要采取有效措施，引导用工量较大的建筑、工矿等企业分批放假。实施有效的客票制度，如团体票、返程票等制度，引导务工人员有序返乡、有序返城。加强运输组织工作，采取有效手段，如通过实施上门服务等方式，掌握务工人员出行信息，提供运力对接。

（三）有效调节旅游客流

对于旅游等非刚性运输需求，主要采取市场化手段进行调节。通过休假制度完善，保障群众基本权利和提供更多选择，在此前提下，发挥价格杠杆作用，引导旅游客流错峰出行，减少与学生、务工客流叠加。此外，针对近年来"北上广深"等一线城市常住人口在春节期间大量流出而产生的"空城"现象，可以加强宣传和组织，引导境内境外游客来这些城市开展高端旅游、深度旅游，在提升城市形象和充分发掘城市旅游文化资源的同时，形成与这些城市探亲、国内游、出境游相反的客流，推动双方向客流平衡发展，最大程度地利用运力资源。

（四）有序引导客流合理流动

通过加强宣传、价格调节等手段，有序引导春运时期客流的合理流动。在北上广深至中西部地区这些单向客流集中的线路上，节前、节后分别大幅降低反方向客票价格，在客流高峰和低谷时段实行较大的差别运价，并尽早公布运价方案，引导农民工、异地就业人员及其家属在春节期间更多选择逆向探亲、错时出行，以便使客流分布更加均衡，运力资源得到更加充分的利用。

四、有效提升春运服务质量水平

（一）创新运输服务方式

按照以人为本的要求，顺应多样化运输需求，创新运输服务方式，提供优质便捷服务，在有效满足人们春运时期"走的了"需求的同时，更好实现人们"走得好"。改进客票销售管理方式，大力推进客票一体联程服务，采取变"预售"为"预订"和协调不同运输方式客票预售期等方式，使旅客能够一次买到较为满意的客票，并有效解决对客票（特别是火车票）预售期提前和退票费降低后产生的重复订票问题。加快开发手机、平板电脑等移动终端的票源实时发布和购票平台，推行"一卡通"等联程票制，方便旅客购票和换乘。增加客票代售点，对务工人员、学生、边远地区旅客尝试提供预订往返票服务。

（二）完善信息化组织管理手段

充分利用现代信息化、智能化技术手段，提高春运组织管理效率和水平。以各地现有及规划建设的各类运输管理信息系统为基础，搭建春运运力管理相关信息实时交互与协调系统，建立高效的信息共享机制，保证不同运输方式之间的信息联动互通。积极推动集各种运输方式、路况、天气等全方位信息于一体的春运公共信息平台建设，使旅客能够合理规划行程和安全便捷出行。及时发布春运运力信息、票源信息、需求信息、班次运行和延误信息等，并做好旅客的沟通解释和相应服务工作。加强相关数据监测与统计，对既有春运组织效果进行评估和进一步开展深入研究，及时发现问题并改进。

（三）给予春运弱势群体有效帮助

随着春运刚性需求比例逐渐降低，价格杠杆的作用将得以发挥。目前铁路采取低票价的一个重要原因是为了降低农民工等具有春运刚性需求弱势群体的出行成本。但实际上，我国春节跨省返乡的农民工总数并不算多（在外省打工的农民工约8000万人，春节返乡的不到50%），以较低的价格为农民工提供长途包车、增加专列和维持铁路硬座低票价，或许比实行铁路整体低票价代价更小、效果更好。对公路在春节期间"乱涨价"行为应加强监管，但对于返程空驶应给予适当补贴，以鼓励运力投入，平抑票价。另外，针对网络购票发展迅猛的趋势，应为农民工、老年人等缺乏上网条件和相应技能的旅客保留更多的购票渠道。

（四）为春运工作争取广泛支持和营造良好环境

加大宣传力度，及时通报春运进展情况，发布出行的各种信息，使广大人民群众理解春运、配合春运，共同做好春运工作。广开言路，充分听取各方意见，充分依靠社会力量，多角度、多渠道完善和改进春运工作。推进春运志愿服务工作，提高春运服务水平，维护良好的春运秩序。对因工作需要和自愿留在当地过年的务工人员，相关部门要认真安排，关心照顾他们的生活，采取多种手段妥善安排好饮食、住宿等生活需求，通过有效手段吸引更多的务工人员自愿留在务工地过年。

五、强化安全管理和应急保障

（一）加强春运安全管理

认真落实安全生产责任制，强化运输安全"党政同责、一岗双责、齐抓共管"的安全责任体系，坚决遏制重特大事故发生。强化安全运行监督检查。加强对运输设施设备的安全检查和日常维护，完善监控措施，加强对客运车辆、旅游包车、危爆物品运输车辆的动态监管。加强从业人员安全管理，加大执法力度，坚决查处超员、超速、疲劳驾驶、货车非法载人、超限超载等交通违法行为。及早、及时排查安全隐患。增加完善交通安全措施、警示引导标志标牌，提高设施设备安全性。严格"三品"查堵，严禁旅客携带易燃、易爆及其他危险品乘坐交通工具。民航企业要严格执行锂电池运输的规定和标准，避免发生事故。加强薄弱环节治理。及时查纠超员载客、非客车载人等违法行为，严防群死群伤事故。要加强对集中自驾摩托车长途出行的引导，努力避免交通事故。加大春运治安管理力度，重点对车站、机场、公路及周边地区存在的社会治安问题进行清理整治。

（二）做好春运应急保障工作

构建国家和地方多层级的春运应急保障机制，建立突发事件应急预案和处置机制，形成跨部门、跨区域应急信息报送和区域联动协调机制。针对可能出现的冰冻、极寒、大雪大雾等恶劣天气和大批旅客滞留等突发事件，形成有效的应急预案，并做好临时安置点、应急运力、应急食品、应急医疗、应急油料等储备和服务工作，确保及时调用。在易积雪、结冰路段和事故多发路段，提前备好备足应急物资、大型清障和除雪铲冰设备，组织好应急队伍，保证能及时铲冰除雪，快速恢复道路通行条件。做好异常天气的预报预警，特别是针对冬季气候特点，加强灾害性天气的预防、预报、预警工作，及时发布预警信息。强化对突发事件的处置和反应能力，一旦因恶劣天气导致旅客大面积滞留和运输中断，要迅速形成应急反应，及时启动预案，加强车辆分流疏导，对人员进行妥善安置，对滞留在路上的人员要尽快组织救助，对车站、机场、码头滞留的旅客要妥善安排到安置点。

策　　划：张文勇

责任编辑：张文勇　何　奎　孙　逸　罗　浩

封面设计：李　雁

图书在版编目（CIP）数据

我国春运有关问题研究／汪鸣，谢雨蓉主编．　—北京：人民出版社，2017.12

ISBN　978－7－01－018774－7

Ⅰ.①我…　Ⅱ.①汪…　②谢…　Ⅲ.①铁路运输—旅客运输—研究—中国

Ⅳ.① U293.1

中国版本图书馆 CIP 数据核字 (2017) 第 331729 号

我国春运有关问题研究
WOGUO CHUNYUN YOUGUAN WENTI YANJIU

汪　鸣　谢雨蓉　主编

人 民 出 版 社 出版发行

（100706　北京市东城区隆福寺街 99 号）

北京市文林印务有限公司印刷　　新华书店经销

2017 年 12 月第 1 版　2017 年 12 月北京第 1 次印刷

开本：710 毫米 ×1000 毫米 1/16　印张：7.5

字数：110 千字

ISBN　978－7－01－018774－7　定价：22.00 元

邮购地址 100706　北京市东城区隆福寺街 99 号

人民东方图书销售中心　电话（010）65250042　65289539